Bayerns Königshaus

Martha Schad

Bayerns Königshaus

DIE FAMILIENGESCHICHTE DER WITTELSBACHER IN BILDERN

Für Hannelore Hartmann
herzlichst
Dr. Martha Schad

Verlag Friedrich Pustet

Umschlagmotiv: Wappen des Bettbaldachins vom Prunkbett
König Ludwigs II., Schloß Linderhof,
Bayer. Verwaltung der Staatl. Schlösser, Gärten und Seen, München.

Die Deutsche Bibliothek – CIP-Einheitsaufnahme

Bayerns Königshaus : die Familiengeschichte der Wittelsbacher
in Bildern / Martha Schad. – Regensburg : Pustet, 1994
ISBN 3-7917-1396-5
NE: Schad, Martha

ISBN 3-7917-1396-5

Umschlaggestaltung: Zembsch' Werkstatt, München
Lithos: OSIRIS, München
Gesamtherstellung: Friedrich Pustet, Regensburg
Printed in Germany 1994

MEINER SCHWESTER EDELGARD

Inhalt

Vorwort

Das Haus Wittelsbach war in der Zeit von 1806 bis 1918 Träger der Königswürde in Bayern. Bei den Recherchen zu meinem 1992 erschienenen Buch »Bayerns Königinnen« bin ich immer wieder auf viele bisher unveröffentlichte oder nur wenigen Fachleuten zugängliche Bilder gestoßen. Dies war für mich Anlaß, den vorliegenden Bildband zu gestalten. Auf dem Hintergrund der politischen Ereignisse der Königszeit in Bayern wird nun erstmals in rund 380 Stichen, Zeichnungen, Gemälden und Photographien der Lebensbereich der Königsfamilien veranschaulicht. Da das Interesse am Hause Wittelsbach mit dem Ende der Monarchie 1918 keineswegs erloschen ist, reicht der Zeitraum der Dokumentation bis in die Gegenwart. Der Bildband ist so angelegt, daß vor jedem Hauptkapitel zunächst auf die Leistungen in der Regierungszeit und dann auf das Familienleben eingegangen wird. Der laufende Text und der jeweilige Bildteil ergänzen sich.

Dieser Bildband wäre nicht möglich gewesen ohne das Entgegenkommen und die Unterstützung zahlreicher Institutionen wie Museen, Archive, Bibliotheken, Presse- und Bildagenturen, Fotografen sowie privater Leihgeber. Ihnen allen schulde ich Dank.

An erster Stelle sei das Haus Wittelsbach genannt, hier vor allem die Königlichen Hoheiten Herzog Albrecht von Bayern, Prinz Franz von Bayern, Herzog Max Emanuel und Herzogin Elisabeth in Bayern, Prinz Ludwig und Prinzessin Irmingard von Bayern sowie Prinz Luitpold von Bayern. Dank auch Graf Christoph von Preysing-Lichtenegg-Moos, Präsident der Herzoglichen Verwaltung, München.

Mein Dank gilt ferner S. K. H. Max Markgraf von Baden, I. K. H. Prinzessin Margaret von Hessen, S. K. H. Prinz Albert von Sachsen und I. D. Fürstin Gloria von Thurn und Taxis. Besonderen Dank sage ich Frau Dr. Bärbel Hamacher, Bayerische Vereinsbank, München, und damit verbunden der Stiftung Schlösser und Gärten Potsdam-Sanssouci.

Behilflich waren mir auch: Herr Angerer, Vorstand der Stiftung Maximilianeum, München; Herr Dr. Roland Berthold, Direktor der Villa Ludwigshöhe, Edenkoben; Herr Dr. Günther Dankl, Tiroler Landesmuseum Ferdinandeum, Innsbruck; Herr Dr. Martin Dallmeier, Archivdirektor des Zentralarchivs Thurn und Taxis, Regensburg; Herr Peter Eberhardt, Schloßverwalter, Neues Schloß Baden-Baden; Herr Dr. Manfred Eger, Direktor des Nationalarchivs der Richard-Wagner-Stiftung, Bayreuth; Frau Berta Erlenkamp, Sächsische Landesbibliothek, Dresden; Herr Josef Hackl, Münchner Stadtmuseum; Frau Irmgard Killing, Bayerische Verwaltung der Staatlichen Schlösser, Gärten und Seen, München; Herr Hanswernfried Muth, Ltd. Museumsdirektor des Mainfränkischen Museums, Würzburg, Herr Max Oppel, Wittelsbacher Ausgleichsfonds, München, und Herr Helmut Wagner, Staatliche Porzellan-Manufaktur Nymphenburg.

Aus der großen Zahl von privaten Leihgebern, die mir mehrere Abbildungen zur Verfügung stellten, bedanke ich mich bei Herrn Reinhold Böhm, Füssen, Herrn Wolfgang Broedener, Schwangau, Herrn Franz Häußler, Augsburg, Frau Isolde Hess, München, Herrn Karl Joss, Rosenheim, Frau Meta Köhler, München, Herrn Georg Randlkofer (Firma Dallmayr), München, Herrn Manfred Steiner, Sulzemoos, und Herrn Prof. Dr. Gerhard Tremmer, München.

Schließlich darf ich mich beim Verlag Friedrich Pustet für die erneut gute Zusammenarbeit bedanken. Meine Lektorin Frau Heidi Krinner-Jancsik, Herr Karl S. Wittmann und Frau Agnes Riembauer trugen viel zum Gelingen dieses Bildbandes bei, ebenso wie mein Mann, dem ich an dieser Stelle besonders danken möchte.

Martha Schad

KÖNIG MAXIMILIAN I. JOSEPH (1806–1825)
und
KÖNIGIN CAROLINE

Maximilian Joseph
* 27. 5. 1756 Mannheim
† 12./13. 10. 1825 Schloß Nymphenburg, München
▭ Theatinerkirche, München

1) Auguste Wilhelmine Maria
Ldgfn. von Hessen
* 14. 4. 1765 Darmstadt
⚭ 30. 9. 1785 Darmstadt
† 30. 3. 1796 Rohrbach bei Heidelberg
▭ Schloßkirche, Darmstadt

2) Caroline Friederike Wilhelmine
Mgfn. von Baden
* 13. 7. 1776 Karlsruhe
⚭ 9. 3. 1797 Karlsruhe
† 13. 11. 1841 München
▭ Theatinerkirche, München

Die Nachkommen aus erster Ehe:

Ludwig I. (1786–1868)
s. unter König Ludwig I.

Auguste Amalie Ludovika (1788–1851)
⚭ Eugen Beauharnais

Amalie Maria Auguste (1790–1794)

Charlotte Auguste [Carolina Auguste] (1792–1873)
⚭ 1) Wilhelm v. Württemberg
2) Franz I., Kaiser v. Österreich

Karl Theodor (1795–1875)
⚭ 1) Marie Anna Sophie Pétin
(Baronin Bayrstorff)
2) Henriette Hölken,
geb. Schoeller (Frau v. Frankenburg)

Die Nachkommen aus zweiter Ehe:

Prinz (tot geboren; 5. 9. 1799)

Maximilian Joseph (1800–1803)

Elisabeth Ludovika (1801–1873)
⚭ Friedrich Wilhelm IV., Kg. v. Preußen

Amalie Auguste (1801–1877)
⚭ Johann I., Kg. v. Sachsen

Sophie Friederike (1805–1872)
⚭ Franz Karl Johann, Ehg. v. Österreich

Maria Anna Leopoldine (1805–1877)
⚭ Friedrich August II., Kg. v. Sachsen

Ludovika Wilhelmine (1808–1892)
⚭ Maximilian, Hg. in Bayern

Maximiliane Josepha Caroline (1810–1821)

Der erste König Bayerns

Am 1. Januar 1806 um zehn Uhr vormittags riefen die Herolde auf den Hauptplätzen der Residenzstadt München den Kurfürsten Maximilian IV. Joseph zum König Max I. Joseph von Bayern aus. Dieser wurde »absoluter König und Souverän und ... aus freiem Entschluß einer der ersten konstitutionellen Monarchen Deutschlands, ... unter dessen Herrschaft sich Bayern mehr veränderte als in Jahrhunderten zuvor« (Weis). König Max I. Joseph, in seiner Politik eher pragmatisch, hatte an seiner Seite den fähigsten Staatsmann, der jemals die Geschicke Bayerns leitete, Maximilian Joseph Freiherr bzw. Graf von Montgelas, den eigentlichen Begründer des neuen Bayern.

Aus dem ehemaligen Kurfürstentum Bayern war ein Königreich Bayern geworden, ein souveräner Staat von Napoleons Gnaden. Napoleons territoriale Neuordnung Mitteleuropas in den Jahren zwischen 1803 und 1819 brachte Bayern die Verdoppelung seines Staatsgebietes. »Bayern wurde die bedeutsamste und dauerhafteste Gründung im napoleonischen Deutschland.« Es gelang dem neuen bayerischen König Max I. Joseph und seinem Minister Graf von Montgelas (1759–1838), die Selbständigkeit des Landes, das viermal durch die Heere der beiden sich bekämpfenden europäischen Parteien überschwemmt wurde, zu retten, für den Verlust wittelsbachischer Gebiete territoriale Entschädigungen zu erhalten und das Kerngebiet des alten Herzogtums durch den Erwerb Frankens und Schwabens, schließlich nach 1816 durch die linksrheinische Pfalz zu vergrößern.

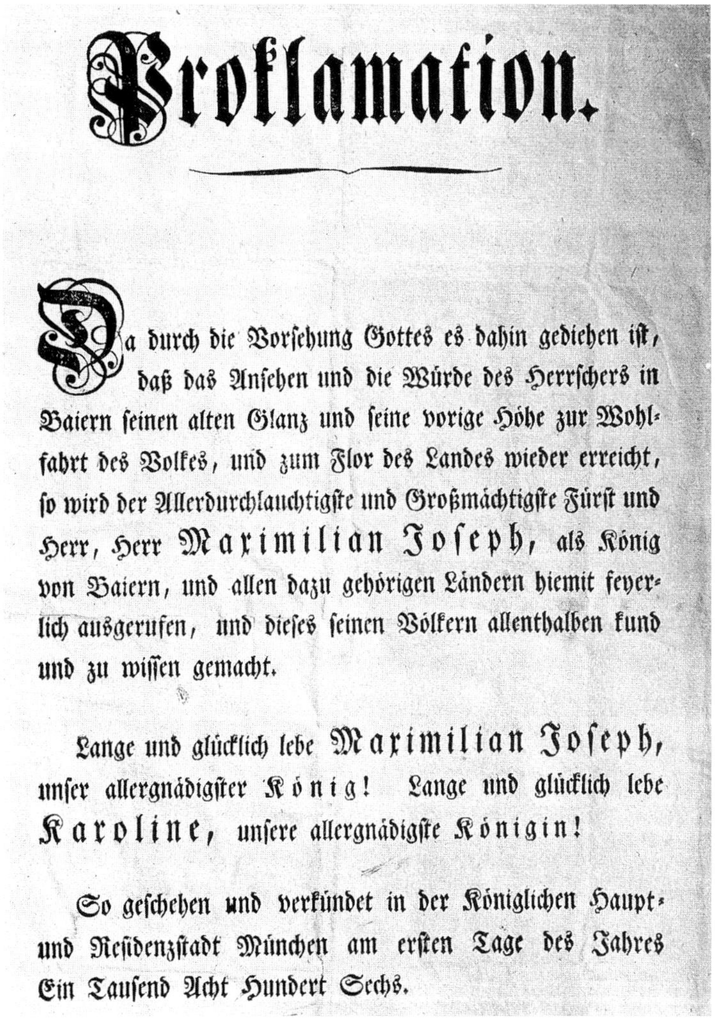
Proklamation.

Da durch die Vorsehung Gottes es dahin gediehen ist, daß das Ansehen und die Würde des Herrschers in Baiern seinen alten Glanz und seine vorige Höhe zur Wohlfahrt des Volkes, und zum Flor des Landes wieder erreicht, so wird der Allerdurchlauchtigste und Großmächtigste Fürst und Herr, Herr Maximilian Joseph, als König von Baiern, und allen dazu gehörigen Ländern hiemit feyerlich ausgerufen, und dieses seinen Völkern allenthalben kund und zu wissen gemacht.

Lange und glücklich lebe Maximilian Joseph, unser allergnädigster König! Lange und glücklich lebe Karoline, unsere allergnädigste Königin!

So geschehen und verkündet in der Königlichen Haupt- und Residenzstadt München am ersten Tage des Jahres Ein Tausend Acht Hundert Sechs.

Clemens Wenzeslaus, Fürstbischof von Augsburg, sollte das neue Königspaar Max I. Joseph und Caroline krönen, sobald er zum Erzbischof von München ernannt worden war. Die Krönung unterblieb jedoch – ebenso bei allen folgenden Königspaaren –, da die Konkordatsverhandlungen von 1806 an der Forderung der römischen Kurie scheiterten, daß die Vorrangstellung der katholischen Kirche in Bayern erhalten bleibe. Erst nach elf Jahren kam das Konkordat endlich zustande.

Im Juli 1806 erfolgte unter massivem Druck Talleyrands der Beitritt Bayerns zum Rheinbund, einem Militärbündnis souveräner Staaten, das bis zu seinem Auseinanderbrechen (Oktober 1813) vor allem den Zweck erfüllte, dem Protektor Napoleon Soldaten und Aufmarschgebiete für seine kriegerischen Unternehmungen zu liefern. Alle Mitglieder des Rheinbundes hatten ihren Austritt aus dem Heiligen Römischen Reich Deutscher Nation zu erklären (1. Oktober 1806). Nur fünf Tage später legte Kaiser Franz II. die Kaiserkrone nieder. Damit war das Ende des Alten Reiches besiegelt. An die Stelle Franz II. war nun Napoleon getreten, der sich als Schutzherr des Rheinbundes bezeichnete.

Für Bayern hatte der Beitritt zum Rheinbund durchaus auch Vorteile. Abgesehen von neuen Gebietsgewinnen, »sicherte die Rheinbundakte die volle Souveränität und Integrität der Staaten nach innen ...« (Junkelmann).

Da Bayern die Übernahme des französischen Zivilgesetzbuches, des Code Napoléon, ablehnte, schuf Montgelas die Konstitution vom 1. Mai 1808. Sie verankerte jene Rechte, die als die bürgerlichen Freiheiten gelten: Gleichheit aller vor dem Gesetz, Gewissensfreiheit, Pressefreiheit, allgemeine Wehrpflicht und Schutz des Eigen-

Die bayerische Königskrone, gefertigt von Charles Percier und Jean Baptiste de Lasne, Paris 1806–1807. H 23,2 cm, D 26,5 cm; Gold, Diamanten, Smaragde, Rubine, Saphir, Perlen. (Schatzkammer der Münchner Residenz)

Die bayerische Königinnenkrone, gefertigt von Charles Percier und Martin-Guillaume Biennais, Paris 1806–1807. H 17 cm, D 17 cm; Gold, Silber, Diamanten, Smaragde, Rubine, Saphire, Perlen. (Schatzkammer der Münchner Residenz)

tums. Mit dem Religionsedikt von 1809 wurde für ganz Bayern ausdrücklich die Parität von Katholiken, Lutheranern und Calvinisten eingeführt. Das Judenedikt von 1813 verlieh auch jüdischen Bürgern Glaubensfreiheit und durch die Erteilung des Indigenats eine Verbesserung ihrer Rechtsstellung. Die Beziehungen von Staat und Kirche wurden im bayerischen Konkordat vom 24. Oktober 1817 festgelegt. Da es Erklärungen enthielt, »die den Eindruck erweckten, als habe der Staat auf die erst jüngst verwirklichte Parität der christlichen Bekenntnisse verzichtet«, kam es zu einem Religions- und Protestantenedikt von 1818 beziehungsweise der Tegernseer Erklärung von 1821, in denen die Gleichstellung der drei christlichen Hauptkonfessionen bestätigt wurde.

In Tirol, das 1805 durch den Preßburger Frieden von Österreich an Bayern gefallen war, kam es im Frühjahr 1809 unter Andreas Hofer zu einem Aufstand (Tiroler Befreiungskampf). Eine der Hauptursachen war die Unflexibilität der dort eingesetzten bayerischen Beamten, die, ohne auf das ausgeprägte Selbstbewußtsein der Tiroler Rücksicht zu nehmen, ihre Reformen durchsetzen wollten: »Wo Österreich alle veralteten Formen beibehielt, reformierte vielleicht Bayern zu viel und zu schnell; wo Österreich zu wenig regierte, verfiel Bayern vielleicht in den Fehler des Zuvielregierens« (Johann Georg von Aretin, Generalkreiskommissar des Eisackkreises). Als dann die Bayern aufgrund des immer drückender werdenden Rekrutenbedarfs Napoleons damit anfingen, Konskriptionslisten anzulegen, begann es in Tirol zu brodeln. Am 9. April brach der Aufstand aus. Nach heftigen Kämpfen gelang es bayerischen, französischen und italienischen Truppen schließlich erst im November 1809, den Aufstand niederzuschlagen. Der Norden Tirols kam an Bayern, der Süden an das Königreich Italien, der Osten fiel an die Illyrischen Provinzen.

Am 6. April 1814 mußte Napoleon abdanken. Zur Neuordnung Europas begann der Wiener Kongreß. Dort war Bayern durch Max I. Joseph, den Kronprinzen Ludwig, Prinz Karl und Feldmarschall Karl Philipp Wrede vertreten. Sie wurden jedoch so wenig beachtet, daß der König sich beklagte: »Das Wiener Kabinett geht mit uns geradeso vor wie seinerzeit die Franzosen. Man sagt uns nichts.« Nach langen Verhandlungen mußte Bayern Tirol und Salzburg an Österreich zurückgeben, erhielt dafür aber die ehemaligen geistlichen Fürstentümer Würzburg und Aschaffenburg (Münchner Vertrag 1816).

Der Wiener Kongreß (September 1814 – Juni 1815) zur Neuordnung Europas.

König Max I. Joseph bei der Verkündigung der Verfassung im Jahre 1818; links neben ihm Kronprinz Ludwig.

Im Jahr 1817 trat erneut eine große Persönlichkeit von der politischen Bühne ab, Montgelas, der 21 Jahre lang die Geschicke Bayerns wesentlich bestimmt hatte. Wrede, Zentner, vor allem aber Kronprinz Ludwig war es gelungen, Max I. Joseph von der »Unfähigkeit« Montgelas' zu überzeugen. Ohne daß dieser Gelegenheit hatte, sich zu verteidigen, wurde er entlassen.

Die im wesentlichen von Minister Georg Friedrich von Zentner (1752–1835) gestaltete Verfassung von 1818 machte Bayern zu einer konstitutionellen Monarchie. Der König, die Erste und die Zweite Kammer wirkten fortan bei der Gesetzgebung zusammen. Der König blieb alleiniger Träger der Staatsgewalt, war jedoch bei der Ausübung dieser Rechte durch die Bestimmungen der Verfassung eingeschränkt. Die erste Ständeversammlung trat im Februar 1819 in München zusammen.

Die letzten Regierungsjahre Max' I. Joseph verliefen relativ ruhig. Als der König in der Nacht vom 12. auf den 13. Oktober 1825 in Schloß Nymphenburg starb, trauerte die ganze bayerische Bevölkerung. Ein Denkmal auf dem Max-Joseph-Platz in München erinnert noch heute an diesen bei seinen Untertanen sehr beliebten Monarchen.

König Max I. und Königin Caroline – ein unzertrennliches Paar

Maximilian Maria Michael Johann Baptist Franz von Paula *Joseph* Kaspar Ignatius Johann Nepomuk kam am 27. Mai 1756 als zweiter Sohn des Pfalzgrafen Friedrich Michael von Birkenfeld-Zweibrücken und dessen Ehefrau Maria Franziska Dorothea, Prinzessin von Pfalz-Sulzbach, im Schloß zu Mannheim zur Welt. Nach dem Tod seines älteren Bruders Karl August erbte er im Jahre 1795 das Herzogtum Zweibrücken. Als Karl Theodor, der Kurfürst von Pfalz-Bayern, 1799 kinderlos starb, fiel Herzog Max Joseph auch Bayern zu.

Seine Jugendjahre verbrachte er in Mannheim und Zweibrücken unter der Obhut seines in morganatischer Ehe lebenden Onkels Herzog Christian IV. von Zweibrükken. Als Erzieher fungierte Agathon Keralino, ein französischer Offizier; sein Religionslehrer war Abbé Pierre de Salabert. Mit 21 Jahren trat Max Joseph in das französische Regiment d'Alsace ein und hielt sich bis zum Ausbruch der Französischen Revolution fast ständig in Straßburg auf. Aus dieser Zeit resultierte seine große Wertschätzung Frankreichs.

In erster Ehe war Max Joseph mit Auguste Wilhelmine von Hessen-Darmstadt verheiratet, die ihm fünf Kinder gebar, von denen eines früh verstarb. Nach 11jähriger Ehe starb Auguste Wilhelmine im blühenden Alter von 31 Jahren am 30. März 1796 in Rohrbach an der Schwindsucht. Der Herzog floh mit den Kindern vor den anrükkenden Franzosen nach Ansbach. Zur selben Zeit hielt sich auch der markgräfliche Hof aus Baden in Ansbach auf, der sich ebenfalls dorthin in Sicherheit gebracht hatte. So traf Max Joseph auf das badische Erbprinzenpaar Karl Ludwig und Amalie Prinzessin von Hessen-Darmstadt; außerdem waren deren ältere Töchter, die 20jährigen Zwillingsmädchen Amalie und Caroline, anwesend. Caroline galt als umfassend gebildet und kunstsinnig; sie hatte bei dem in Karlsruher Diensten stehenden Maler Philipp Jakob Becker Malunterricht erhalten. In diese Prinzessin nun verliebte sich der inzwischen 40jährige Herzog Max Hals über Kopf. Noch im selben Jahr hielt er um ihre Hand an. Wenn auch Caroline angesichts der vor ihr liegenden schweren Aufgabe – immerhin brachte Max Joseph vier minderjährige Kinder mit in die Ehe – mit ihrem Jawort etwas zögerte, so wurde aus beiden doch ein sehr glückliches Paar.

Carolines jüngere Schwester Luise (1779–1826), umbenannt in Elisabeth, hatte 1793 den russischen Großfürsten Alexander, Sohn des Zaren Paul, geheiratet, der 1801 seinem Vater auf dem Thron folgte. Amalie von Baden, Carolines Mutter, die als die tatsächliche Autorität im Hause Baden galt, schrieb am 8. Dezember 1796 ihrer Tochter nach St. Petersburg über ihren neuen Schwiegersohn Max: »Der Herzog ist der beste Mensch von der Welt, angebetet von seiner ganzen Umgebung. Ich halte ihn für etwas schwach, aber für einen Ehemann ist das kein Fehler. Er ist verliebt wie ein Mann von zwanzig Jahren ... Er ist sehr gut gebaut. Er hat ihr (Caroline) sowie mir oft gesagt, daß er seine Dankbarkeit nie genügend werde beweisen können für das Opfer, das sie gebracht hat, einen Mann von vierzig mit vier Kindern zu heiraten.«

Die Trauung fand am 9. März 1797 im Schloß in Karlsruhe statt, die große Hochzeitsfeier sechs Tage später in Schloß Rohrbach. Neben dem Adel aus Mannheim und Heidelberg kamen und gratulierten die Studenten der Universität Heidelberg, die »gut vaterländische Jugend«.

Caroline war – wie übrigens auch die erste Ehefrau des Herzogs Max – evangelisch; die Kinder aus beiden Ehen aber wurden katholisch erzogen. Caroline erhielt in ihrem Heiratsvertrag die Zusicherung, daß sie »allezeit die vollkommenste Gewissen-Freyheit haben und zu keiner Zeit an keinem Ort unter keinerlei Umständen in der Übung der protestantischen Religion ... eingeschränkt und verhindert werden« solle. Zeitlebens begleitete sie daher ihr Hofprediger Dr. Ludwig Schmidt, der mit dem späteren Kurfürstenpaar 1799 auch nach München kam.

Dort wurde dann am 12. Mai 1799 in einem Saal des Schlosses Nymphenburg der erste evangelische Gottesdienst gehalten, später in der »Hofkirche« der Münchner Residenz.

Der bei seinen bayerischen Untertanen unbeliebte Kurfürst Karl Theodor verstarb kinderlos am 16. Februar 1799. Seine um 52 Jahre jüngere Gemahlin Maria Leopoldine von Österreich-Este (1776–1848) war zu dieser Zeit zwar schwanger, bekannte aber freimütig, daß der Vater des Kindes nicht ihr Ehemann, sondern Ludwig Joseph Graf von Arco sei (mit dem sie sich 1804 vermählte). Damit fiel Bayern an Herzog Max. Am 12. März 1799 zog das neue Kurfürstenpaar in das jubelnde München ein. Der herzliche Empfang galt aber nicht nur dem Regentenpaar, sondern auch den vier Kindern. Der älteste Sohn und Erbprinz Ludwig war damals 13 Jahre alt, der jüngste Sohn, Prinz Carl, 4 Jahre und die beiden Töchter Charlotte Auguste 7, Auguste Amalie 10 Jahre alt.

Zum ersten Geburtstag von Caroline als Kurfürstin kamen ihre Eltern und Schwestern, auch die russische Großfürstin Elisabeth, aus Karlsruhe nach München und blieben drei Monate zu Gast. Die Kurfürstin sah der Geburt ihres ersten Kindes entgegen. Am 5. September 1799 brachte sie einen toten Sohn zur Welt. Caroline war von sehr zarter Konstitution und erholte sich lange nicht von diesem Schicksalsschlag. Ihr Leben lang trug sie ein Medaillon mit Haaren dieses Kindes bei sich.

Die ersten Jahre des Kurfürstenpaares in München standen ganz im Schatten der Napoleonischen Kriege. Im Mai 1800 mußte es mit den Kindern aus Angst vor den anrükkenden Franzosen München verlassen. Über Landshut, Straubing, Weiden endete ihre Flucht in Amberg. Dort verkündeten am 28. Oktober 1800 die Glocken dann ein frohes Ereignis: Die Kurfürstin hatte einen Prinzen Karl Friedrich Ludwig Wilhelm Max Joseph zur Welt gebracht. Doch auch diesem Sohn war kein langes Leben beschieden. Am 12. Februar 1803 starb das Kind, vermutlich an einer Meningitis. Das Kurfürstenpaar war untröstlich.

Am 13. November 1801 wurden die Zwillingsmädchen Elisabeth und Amalie geboren. Elisabeth heiratete mit 22 Jahren den protestantischen Kronprinzen Friedrich Wilhelm (ab 1841 Friedrich Wilhelm IV., König von Preußen); ihre Ehe blieb kinderlos. Amalie Auguste vermählte sich 1822 in Dresden mit Prinz Johann von Sachsen, dem berühmten Dante-Übersetzer »Philaletes« und späteren König; diese Ehe wurde mit 7 Kindern gesegnet. Bei einem Aufenthalt in Dresden unternahm das bayerische Königspaar von dort aus einen Besuch bei Goethe in Weimar.

Im Januar 1805 hoffte man bei der erneuten Niederkunft der Kurfürstin endlich auf einen Sohn, doch sie brachte wiederum Zwillingsmädchen zur Welt: Sophie Friederike und Maria Anna Leopoldine. Als 19jährige wurde Sophie die Gemahlin des Erzherzogs Franz Karl Johann von Österreich; nach fünfjähriger Ehe gebar sie einen Sohn: den späteren Kaiser von Österreich Franz Joseph. Durch dessen Ehe mit der bayerischen Herzogin Elisabeth (Sisi) wurde Sophie deren Schwiegermutter. Sophie gilt als die bedeutendste Persönlichkeit am Kaiserhof in Wien nach Kaiserin Maria Theresia.

Maria Anna Leopoldine heiratete am 24. April 1833 in Dresden Prinz Friedrich August und wurde dadurch vor ihrer älteren Schwester Amalie Auguste Königin von Sachsen.

Die fünfte Tochter des nunmehrigen Königspaares, Ludovika, kam 1808 in München zur Welt. Sie wurde mit Herzog Max in Bayern verheiratet, obwohl sich »beide nicht heiraten wollten«. Aus dieser Ehe stammte Elisabeth (Sisi), die Gemahlin Kaiser Franz Josephs; beider Mütter waren also Schwestern.

Königin Caroline gebar 1810 eine weitere Tochter, der sie ihren eigenen Namen Caroline gab. »Innig geliebt und heiß beweint von Eltern und Geschwistern«, lautet die Inschrift auf dem Grabmal der 1821 verstorbenen kleinen Caroline in der Theatinerkirche zu München. Der König, damals schon 65 Jahre alt, und die 45jährige Königin glaubten den Verlust des Kindes nicht zu überleben. Sie zogen sich ein Jahr lang fast völlig aus der Öffentlichkeit zurück.

Als Caroline mit ihrem Gemahl 1799 nach München gekommen war, gefielen ihr zwar die Stadt und ihre Menschen, aber von den Räumlichkeiten, in denen sie wohnen sollte, war sie alles andere als begeistert. Insbesondere das Mobiliar der Residenz erschien ihr altmodisch, steif und unbequem. Erfreulicherweise sind in Schloß Nymphenburg noch vier Räume mit der von Caroline gewünschten Ausstattung erhalten. Neben einheimischen Künstlern wie Schwanthaler, Hauber und Kellerhoven wurden auch französische und italienische Handwerker und Dekorateure beschäftigt. Das Hofbauamt leitete zu jener Zeit Charles Pierre Puille. Franz Xaver Nachtmann dokumentierte im sogenannten Wittelsbacher Album die nach Carolines Wünschen neu eingerichteten Räume in der Münchner Residenz, in Nymphenburg, Tegernsee und Biederstein.

Schon von klein auf hatte Caroline sich besonders für die Malerei interessiert. In München beeindruckte sie vor allem der Hofmaler Joseph Stieler, von dem sie sämtliche Familienmitglieder porträtieren ließ. Bei Künstlern wie Lebschée oder Quaglio gab die Königin für ihre Töchter Aquarelle in Auftrag, die das heimatliche Bayern zeigten, und ließ diese nach Berlin und Wien senden. Peter Cornelius, der wie andere Künstler bei Caroline oft zu Tisch geladen war, begeisterte sie mit der Freskenausmalung der Glyptothek. Auch zwei Künstlerinnen fanden die Förderung der Königin: die Schweinfurter Malerin Margarete Geiger und die in München gefeierte Malerin Electrine von Freyberg.

Die Erhebung Bayerns zum Königreich 1806 ging einher mit der »Bitte« Napoleons, die älteste Tochter des neuen Königs, Prinzessin Auguste Amalie, mit seinem Stiefsohn Eugen Beauharnais zu verheiraten. Und da Napoleon auch eine Annäherung Bayerns an Württemberg wünschte, wurde die zweitälteste bayerische Königstochter Charlotte Auguste mit dem Kronprinzen Wilhelm von Württemberg vermählt. Nach der Annullierung dieser Ehe heiratete sie 1816 den dreimal verwitweten Kaiser Franz I. von Österreich und nahm den Namen Carolina Auguste an.

Obwohl die Königin als wenig franzosenfreundlich galt, ließ sich das bayerische Königspaar im Jahr 1807 von Napoleon zu einer gemeinsamen Reise nach Venedig überreden. 1810 folgten Max und Caroline dann einer Einladung des Kaisers nach Paris. Während Caroline in dessen Begleitung die Stadt besichtigte, bevorzugte der König die Jagd oder hielt sich im Schlößchen Malmaison auf, wo die Kaiserin Josephine lebte, traurig über ihre bevorstehende Scheidung von Napoleon. Napoleon, der um die Vorliebe Carolines für Sèvres-Porzellan wußte, beschenkte sie übermäßig damit.

In den Sommermonaten weilte das bayerische Königspaar gerne in der badischen Heimat der Königin, dann aber auch in Berchtesgaden und in St. Bartholomä mit seinen Jagdgebieten. Zur großen Freude Carolines erwarb Max I. Joseph 1816 das säkularisierte Kloster Tegernsee, das zusammen mit Wildbad Kreuth zu einem Treffpunkt gekrönter Häupter wurde. Tegernsee und Gut Kaltenbrunn schenkte der König seiner Frau.

Prinz Karl, der als Zweijähriger Caroline zur Stiefmutter bekam, hatte zu dieser ein besonders herzliches Verhältnis. Er war es auch, dem nach ihrem Tod fast ihr gesamtes Erbe zufiel, darunter Schloß Tegernsee, das neben dem Prinz-Carl-Palais in München zu seinem bevorzugten Aufenthaltsort wurde. Er absolvierte eine militärische Laufbahn, die er mit dem Rang eines Feldmarschalls beendete. Beim Wiener Kongreß, wo er sich zusammen mit seinen Eltern und seinem älteren Bruder Ludwig aufhielt, nannte man ihn »le beau prince de Bavière«. Der »granseigneurale« Prinz heiratete die Frau, die er liebte, ohne Ansehen des Standes: in erster Ehe die Hauptmannstochter Sophie Pétin, die nach sechsjähriger Ehe starb, dann Henriette Schöller. Karl, der sich die Wohltätigkeit seiner Stiefmutter sehr zum Vorbild nahm, richtete ein »Kabinett« ausschließlich für die Armenfürsorge ein, das im Jahr bis zu 100 000 Gulden für die vom Schicksal Geschlagenen ausgab.

Im Jahre 1822 beging das königliche Paar seine Silberhochzeit. Im Lauf der Jahre waren beide unzertrennlich geworden. In der Nacht vom 12. auf den 13. Oktober 1825, dem Namenstag des Königs, geschah das Unfaßbare: der König entschlief.

Als der neue König Ludwig I. den Thron bestiegen hatte, erwies er sich seiner Stiefmutter gegenüber als wenig einfühlsam. Nicht nur, daß er den privaten Nachlaß seines Vaters öffentlich versteigern ließ – er wollte auch die ihm zu einflußreich erscheinende Königinwitwe vom Münchner Hof entfernen. Als Witwensitz wies er ihr daher Würzburg an. Doch Caroline weigerte sich und entschloß sich, im heutigen Schwabing das Schlößchen Biederstein bauen zu lassen. Dort verbrachte sie einen

Teil ihrer letzten Lebensjahre; ansonsten hielt sie sich gerne in Tegernsee auf. Am 13. November 1841 schloß Caroline die Augen für immer.

Bei ihrer Beisetzung an der Seite ihres Mannes in der Theatinerkirche in München kam es zu einem politisch gesteuerten Eklat. Die katholischen Geistlichen erschienen nur in Zivilkleidung, und der Sarg der evangelischen Fürstin wurde ohne jede Feierlichkeit und unter Ausschluß der evangelischen Pfarrer in die Gruft verbracht.

Über die in ganz Bayern so beliebte, äußerst großzügige und wohltätige Königin gab es den Spruch: »Geht dir die Not bis obenhin, dann geh' doch zu der Carolin'!«

»Der Kornwucher«. Karikatur aus dem Hungerjahr 1816/1817. – Nach einem verregneten Sommer kam es zu Mißernten, die eine Hungersnot zur Folge hatten. Das Königshaus versuchte, die Not durch Getreidekäufe im Ausland zu lindern.

Moritz Kellerhoven (1758–1830), Max I. Joseph König von Bayern im Krönungsornat nach dem Muster napoleonischer Herrscherbildnisse, 1806. – Eine Krönung wurde jedoch bei keinem der bayerischen Königspaare vollzogen. ▷

Johann Joseph Langenhöffel (1750 bis 1807), Auguste Wilhelmine von Zweibrücken (1765–1796), erste Gemahlin von Max Joseph, mit ihren Kindern Ludwig, dem späteren König Ludwig I., und Auguste Amalie, welche die Gemahlin von Eugen Beauharnais, Stiefsohn Kaiser Napoleons, wurde, 1791.

Johann Christian Mannlich (1741 bis 1822), Prinz Max, der spätere König von Bayern, als siebenjähriges Kind in türkischer Tracht mit einem Mohrenknaben und einem Papagei in einem Boudoir im Mannheimer Schloß gemalt, 1763. ▷

Philipp Jakob Becker (1759–1829), Die 21jährige Caroline von Baden (1776–1841) an der Staffelei im Jahr ihrer Vermählung mit Herzog Max von Zweibrücken-Birkenfeld, dem späteren König Max I. Joseph von Bayern, 1797.

Philipp Jakob Becker, Prinzessin Luise von Baden (1779–1826), 1792. – Luise (Elisabeth) war die drei Jahre jüngere Schwester der bayerischen Königin Caroline. Sie wurde am 9. Oktober 1793 als vierzehnjährige mit dem Großfürsten Alexander von Rußland verheiratet. Mit dem notwendig gewordenen Übertritt zum orthodoxen Glauben nahm sie den Namen Jelisavjeta Aleksejevna an. Seit 1801 saß sie neben ihrem Mann auf dem Zarenthron. Die Ehe des Kaiserpaares entwickelte sich sehr unglücklich. Die Verbindung zwischen den Schwestern Luise und Caroline blieb zeitlebens sehr eng.

Silhouettenporträts der Familien des Kurfürsten von Pfalz-Bayern und des Erbprinzen von Baden, 1801. – V. l. Marie von Baden-Durlach, Kurprinz Ludwig, Kurfürstenpaar Max IV. Joseph und Caroline mit den Kindern Maximilian, Karl und Charlotte; Carolines Eltern Karl Ludwig, Erbprinz von Baden-Durlach, und Amalie Friederike, dann Auguste von Bayern, spätere Herzogin von Leuchtenberg, und Amalie von Baden, Carolines Zwillingsschwester.

Oben im Goldfonds, an Bändern und Schrauben wie Gemälde an der Wand des Raumes hängend, fünf symmetrisch angeordnete Bildfelder: Das mittlere als Querraute, die äußeren oval, die inneren als Spitzrauten. Dargestellt in den »Gemälden« v. l.: Liegende Athene mit dem Gorgonenschild; spinnender Herkules neben Omphale sitzend; tanzendes Hündchen vor flötespielendem Buben; sitzender Zeus mit Adler, ein junges Mädchen umfassend; sitzender Mars mit Schild und Speer.
Dieses Eglomisébild im Holzrahmen mit gedrücktem Messingbeschlag trägt die Signatur »Seiz fecit 1801«.

Einzug Max' IV. Joseph Kurfürst von Bayern am 12. März 1799 in München zusammen mit seiner zweiten Gemahlin Caroline von Baden und den vier Kindern aus erster Ehe. – Die Bevölkerung bereitete ihnen einen begeisterten Empfang, denn der verstorbene Kurfürst Karl Theodor war nicht beliebt gewesen. Ein Brauer vom Pschorr-Bräu rief angeblich: »Ja, weilst nur da bist, Maxl.«

Schloß Rohrbach bei Heidelberg. – Dort fand die Hochzeitsfeierlichkeit von Herzog Max und Caroline statt. Der spätere König Max I. Joseph schenkte das Schlößchen seiner Schwiegermutter. Heute gehört das Schloß zu einer Klinik.

Margarete Geiger, Selbstbildnis, 1804. – Die Künstlerin war die Tochter des Schweinfurter Malers Conrad Geiger. Sie studierte in München unter dem Hofmaler Christoph Fessel. In Anerkennung ihrer Begabung erhielt sie von der Königin ein Jahresgehalt von 365 Gulden. Margarete Geiger porträtierte sowohl das bayerische Königspaar als auch die Töchter, wobei sie die Zwillingstöchter Elisabeth Ludovika und Amalie Auguste oft verwechselte, was aber selbst dem König passierte.

Margarete Geiger (1783–1809), Königin Caroline, 1806/07.

Oben links:
Moritz Kellerhoven (1758–1830), Königin Caroline, 1806.

Oben rechts:
Auguste Garnerey (1785–1824), »Karoline Friederike Wilhelmine, Königin von Bayern, Munich 1817«.

Unten links:
Josef Muxel, Kurfürstin Caroline von Bayern als Galionsfigur des Prunkschiffes Caroline, 1803.

Johann Nepomuk Pertsch, Die klassizistische Matthäuskirche in München war die erste evangelische Kirche, die am 25. August 1833 in Anwesenheit der Königinnen Caroline und Therese eingeweiht wurde; ab 1877 hieß sie Matthäus-Kirche. Im Jahr 1938 fiel sie im Zuge des »Neubaus der Hauptstadt der Bewegung« der Spitzhacke zum Opfer.

Ludwig Friedrich Schmidt (1764–1857), Hof- und Kabinettsprediger der Königin Caroline, der erste in Altbayern zugelassene protestantische Pfarrer. Er hielt am 12. Mai 1799 den ersten protestantischen Gottesdienst in Schloß Nymphenburg. 1818–1825 war er Ministerialrat im Innenministerium für protestantische Kirchenangelegenheiten, 1827 wieder Kabinettsprediger der verwitweten Königin Caroline.

Nicolas-Antoine Taunay, 1808: Einzug Napoleons in München am 24. Oktober 1805. – Die Kurpfalzbayerische Staatszeitung meldete tags darauf: »Endlich hatten wir gestern das sehnlich erwartete Vergnügen, Se. Majestät Napoleon Kaiser in Frankreich und König in Italien hier eintreffen zu sehen ...«

Huldigung der neuerworbenen Provinzen Franken und Schwaben vor König Max I. Joseph; neben dem König Graf Montgelas.

Johann Peter Melchior (1747–1825), Porträtbüste des Maximilian Graf Montgelas (1759–1838). – Montgelas war schon 1796 Geheimer Hofrat des damaligen Herzogs Max Joseph IV. von Zweibrücken. Von 1799–1817 war er Geheimer Staats- und Konferenzminister des Departements der Auswärtigen Angelegenheiten sowie u. a. von 1806–1817 Geheimer Staats- und Konferenzminister des Departements des Innern, zugleich für Kultus- und Unterrichtsangelegenheiten. Montgelas gilt als der Schöpfer des neuen bayerischen Staates. Er war verheiratet mit Ernestine von Arco.

Auf dem Bild ist die sehr bekannt gewordene Szene festgehalten, wie König Max I. Joseph den später weltberühmten Münchner Wissenschaftler Joseph von Fraunhofer (1787–1826), der als Glaserlehrling zu dieser Zeit in einer Werkstatt arbeitete, aus einem zusammenbrechenden Haus rettete.

François Gérard (1770–1837), Paris. Auguste Amalie und Eugène de Beauharnais als Vizekönigspaar von Italien.

François Guillaume Ménageot (1744–1816), Ziviltrauung von Eugène de Beauharnais, Stiefsohn Napoleons, und Auguste Amalie von Bayern, der ältesten Königstochter, am 13. Januar 1806 in der Grünen Galerie der Münchner Residenz. – Auf der Estrade sitzen das französische Kaiserpaar Napoleon und Josephine sowie das bayerische Königspaar Max I. Joseph und Caroline.

Julius Schnorr von Carolsfeld (1788–1853), Die Erhebung der Tiroler 1809. – Andreas Hofer erhält am 12. April 1809 bei Sterzing die Nachricht, daß österreichische Truppen zu Hilfe eilen.

Die bayerische Herrschaft in Tirol dauerte von 1806 bis 1809. Im Jahr 1809 erhoben sich die Tiroler, um diese abzuschütteln. In diesem Kampf wurde Andreas Hofer, der Besitzer des »Sandwirthofes« in St. Leonhart im Passeiertal, zum Anführer der Aufständischen. Der Tiroler Aufstand stellt den schwersten Mißerfolg dar, den die bayerische Regierung bei dem Versuch der Integrierung Tirols hinnehmen mußte. Die Erschießung von Andreas Hofer am 20. Februar 1810 in Mantua trug viel zur Mystifizierung des Freiheitskampfes der Tiroler bei.

Peter von Heß (1792–1871), Das Gefecht bei Wörgl. – Rückseitig bezeichnet: »Gefecht bei Wörgel in Tyrol am 13. Mai 1809, in welchem der Bayerische General Lieutnant Freyherr von Wrede dem Österreichischen Feldmarschall Lieutnant Marquis von Chasteler aufs Haupt schlug, ihm eine Fahne, zwölf Stück Geschütz und über drey tausend Gefangene nebst aller Bagage abnahm.«

Besonders aber bitten wir dich für deinen Diener Unsern König Maximilian Joseph, den wir wegen seiner Fürsorge für das Beste Unseres Landes mit dankbarer Liebe Unseren Vater nennen dürfen — segne Ihn mit allen den Wohlthaten die einem gerechten, seine Völker liebenden Fürsten die süßesten und seligsten Freuden nur immer seyn können. Laß den Frieden, den er seinem Volke immer zu erhalten sucht, mit allen seinen wohlthätigen Folgen, lange sein Königreich beglücken, und Religion und gute Sitten seine Glückseligkeit gründen und befestigen.

Beglücke Unsere geliebte Königinn durch edle sanfte Menschenfreuden jeder Art, vorzüglich durch die süßen häuslichen Freuden. —

Laß deine Güte mit jedem Tage neu werden, über Unseren theuren Kronprinzen, über alle Prinzen und Prinzessinnen des Königlichen Hauses.

Während der bayerischen Herrschaft in Tirol von 1806 bis 1809 entstand dieses Gebet für die königliche Familie. (Einblattdruck)

Kaspar Hauser (um 1812–1833) gilt als der Sohn des Markgrafen Karl (1786–1818) von Baden und seiner Gemahlin Stephanie Beauharnais und wäre somit ein Neffe der bayerischen Königin Caroline.
Im Jahr 1828 tauchte in Nürnberg ein Junge auf, Kaspar Hauser genannt, der durch sein Verhalten Aufsehen erregte. Er wurde vom Bürgermeister Binder bzw. Prof. Daumer aufgenommen, erzogen und unterrichtet. Nach einem auf ihn verübten Attentat kam er in die Obhut des Juristen Feuerbach nach Ansbach. Philipp Henry, vierter Graf von Stanhope, wurde Kaspar Hausers Adoptivvater. Das »Findelkind« wurde 1833 ermordet. König Ludwig I. setzte 30 000 Dukaten für die Aufklärung des Falles aus.

Joseph Stieler (1781–1858), Die Prinzessinnen Ludovika, Sophie und Marie auf einer Wiese tanzend, 1812. – Ludovika schlägt das Tambourin, die Zwillinge Sophie und Marie bewegen sich dazu in antikisch weißen Schleiergewändern in gemessenen Schritten. ▷
Dieses Bildnis der drei Töchter des bayerischen Königspaares war der erste Auftrag, den Stieler in München bekam und für das er den Rang eines Hofmalers erhielt.

Kaiser Franz I. von Österreich (1768–1835), um 1810. Gemälde eines unbekannten österreichischen Malers.

Kaiserinwitwe Carolina Auguste. – Prinzessin Charlotte Auguste von Bayern (1792–1873), in erster Ehe mit Wilhelm von Württemberg vermählt, 1814 Annullierung der Verbindung, wurde unter dem Namen Carolina Auguste die vierte Gemahlin von Kaiser Franz I. von Österreich, den sie um fast 40 Jahre überlebte.

Taschenuhr mit Miniatur der Prinzessin Charlotte Auguste von Bayern, Genf um 1808. – Die Uhr war wahrscheinlich 1808 ein Verlobungsgeschenk der Prinzessin an ihren Bräutigam Wilhelm, den nachmaligen König von Württemberg.

Große Porzellanvase in Amphora-Form mit dem Porträt der Königin Caroline von Bayern. In der oberen Einrollung Porträts eines römischen Kaiserpaares. ▷
Manufaktur Sèvres, das Porträt von Denis von Delafosse gemalt, die Ornamente von Gilbert von Drouet, Vergoldung von Charles-Marie Pierre von Boitel, 1806. Die Bestellung erfolgte über den bayerischen Botschafter in Paris, Anton Frhr. von Cetto, mit Schreiben vom 6. Fructidor 1805.

Lithographie nach Aquarell von Eduard von Ron, 1841, Prinz Karl von Bayern (1795–1875). – Prinz Karl war zwei Jahre alt, als Caroline seine Stiefmutter wurde. Zwischen beiden entwickelte sich ein besonders herzliches Verhältnis. Die Königin vermachte ihm Schloß Tegernsee, wo er als großer Wohltäter wirkte.

Georg Widenbauer, Maximiliane Gräfin von Drechsel, Tochter des Prinzen Karl (1795–1875) und seiner ersten Gemahlin Sophie Pétin Baronin Bayrstorff, 1845.

Wilhelm Scheuchzer. (1803–1866). – Die Südseite des Prinz-Carl-Palais in München mit der Statue des »Harmlos« 1836. – Das 1804–1806 von Karl von Fischer für den Abbé Salabert erbaute Palais wurde ab 1825 von Prinz Karl bewohnt. Die umgebende, von Friedrich Sckell geschaffene Gartenanlage war das Bindeglied zwischen Hofgarten und Englischem Garten. Am Beginn der einst von der Residenz nach Biederstein, dem Landsitz der verwitweten Königin Caroline, führenden Königinstraße wurde die 1803 gestiftete Marmorfigur eines »Genius der Gärten« von Franz Jakob Schwanthaler aufgestellt. Ihr populärer Name leitet sich von der Inschrift her: »Harmlos wandelt hier, dann kehret neu gestaerkt zu jeder Pflicht zuruek.«

Silberhochzeit des Königspaares Friedrich Wilhelm IV. von Preußen (1795–1861) und Elisabeth (1801–1873), Tochter des bayerischen Königspaares Max I. Joseph und Caroline, am 29. November 1848 in Berlin. (Neuruppiner Bilderbogen)

Franz Xaver Nachtmann (1799–1846), Vestibül Schloß Tegernsee, 1829. – Das große Vestibül oder der Marmorsaal des Tegernseer Schlosses wurde unter König Max I. Joseph, der es erworben hatte, von 1817 an durch Leo von Klenze ausgebaut. Aus dem Fenster fällt der Blick auf den Tegernsee. Das Gemälde ist eines der vielen, die Königin Caroline für ihre Tochter Elisabeth, Königin von Preußen, anfertigen ließ.

Karl Vogel von Vogelstein (1788–1868), Prinzessin Amalie Auguste von Bayern und Prinz Johann von Sachsen, 1827. – Die Vermählung des Paares fand am 21. November 1822 in Dresden statt. Der spätere König, dessen Reiterstandbild vor der Semper-Oper in Dresden steht, ist der Dante-Übersetzer »Philaletes«.

Sarkophag der Auguste Amalie, Königin von Sachsen (1801–1877), in der Gruft der Hofkirche in Dresden.

Johann Christian Clausen (1788–1857), Blick auf Dresden bei Vollmondschein. – Zwei Töchter des bayerischen Königspaares Max I. Joseph und Caroline lebten nach ihrer Heirat in Dresden: Amalie Auguste und Maria Anna Leopoldine. Bei einem Besuch in Dresden zeichnete König Max den Komponisten Carl Maria von Weber (1786–1826) aus, der seit 1817 an der dortigen neugegründeten Deutschen Oper Direktor war.

Hanns Hanfstaengl (1820–1885), König Johann I. von Sachsen und Königin Amalie Auguste im Jahr ihrer Goldenen Hochzeit, 1872.

Karl Vogel von Vogelstein (1788–1868), Friedrich August II. König von Sachsen (1836–1854). Im Jahre 1833 hatte er die bayerische Königstochter Maria Anna Leopoldine (1805–1877) geheiratet (oben rechts). Deren Schwester Amalie Auguste war mit Johann I., dem Bruder Friedrich August II., verheiratet, der ab 1854 als König von Sachsen regierte.

Friedrich August II., König von Sachsen, verunglückte am 9. September 1854 in Tirol. Am Unglückort ließ seine Gemahlin Maria Anna Leopoldine eine Kapelle errichten, zu deren Einweihung am 4. August 1855 auch Königin Marie von Bayern erschien: die Königskapelle Karrösten bei Imst/Tirol.

Johann Baptist Stiglmaier (1791–1844), Grabrelief für die Indianerkinder Juri und Miranha, 1824/25. – »Im Dienste der Wissenschaft« wurden im Jahr 1820 zwei Indianerkinder aus Brasilien nach München gebracht, um »Aufschluß über die menschliche Natur« zu erhalten. Die vereinsamten Kinder starben nach kurzer Zeit an Lungenentzündung. Königin Caroline ließ ihnen im Münchener Südfriedhof dieses Grabmal setzen.

Seite 41
◁ Joseph Stieler (1781–1858), Erzherzogin Sophie von Österreich, geb. Prinzessin von Bayern, mit Franz Joseph, dem späteren Kaiser, als Kind. – Sophie wurde am 4. November 1824 die Gemahlin von Franz Karl Johann, Erzherzog von Österreich, Bruder des Kaisers Franz I. Sie schrieb es der Heilkraft des Ischler Salzes zu, daß sie 1830 dem Hause Habsburg nach fünfjähriger Ehe endlich einen Thronerben schenken konnte, einen »Salzprinzen«. Franz Joseph wurde Kaiser und vermählte sich mit Elisabeth Herzogin in Bayern (Sisi); somit war Erzherzogin Sophie sowohl die Tante als auch die Schwiegermutter der Kaiserin Elisabeth.

August von Heckel (1824–1883), Das Königspaar Max I. Joseph und Caroline mit fünf Töchtern beim Richtfest des Neubaus von Wildbad Kreuth.

Schloß Biederstein lag nordwestlich vom Dorf Schwabing. Gut und Garten hatte König Max I. Joseph dem pfälzischen Staatsrat Stephan von Stengel 1802 abgekauft und seiner völlig überraschten Gemahlin Caroline am 9. Mai 1803 geschenkt. Als 1825 auf Anordnung König Ludwigs I. Würzburg zu Carolines Witwensitz werden sollte, entschloß sie sich, das Belvedere in Biederstein abreißen und sich von Leo von Klenze das gezeigte Schlößchen als Witwensitz erbauen zu lassen. Biederstein vermachte sie ihrer Tochter Ludovika, Herzogin in Bayern. 1934 erfolgte der Abriß des Schlosses.

Joseph Stieler (1781–1858), Herzog Max in Bayern (1808–1888) und Prinzessin Ludovika von Bayern (1808–1892) beim Spaziergang am Tegernsee. Im Hintergrund Schloß Tegernsee, wo die Trauung des Paares 1828 in Anwesenheit von 228 Gästen stattfand.

Lithographie nach Karl Theodor von Piloty (1826–1886) von Joseph Fleischmann, 1853, Die 15jährige Sisi vor Schloß Possenhofen, ihrem Elternhaus. – Eine Tochter des Herzogspaares Max und Ludovika in Bayern hat es unsterblich gemacht: Elisabeth, gen. »Sisi«, die spätere Kaiserin von Österreich; ihre Schwester Sophie wurde die Braut des bayerischen Königs Ludwig II. ▷

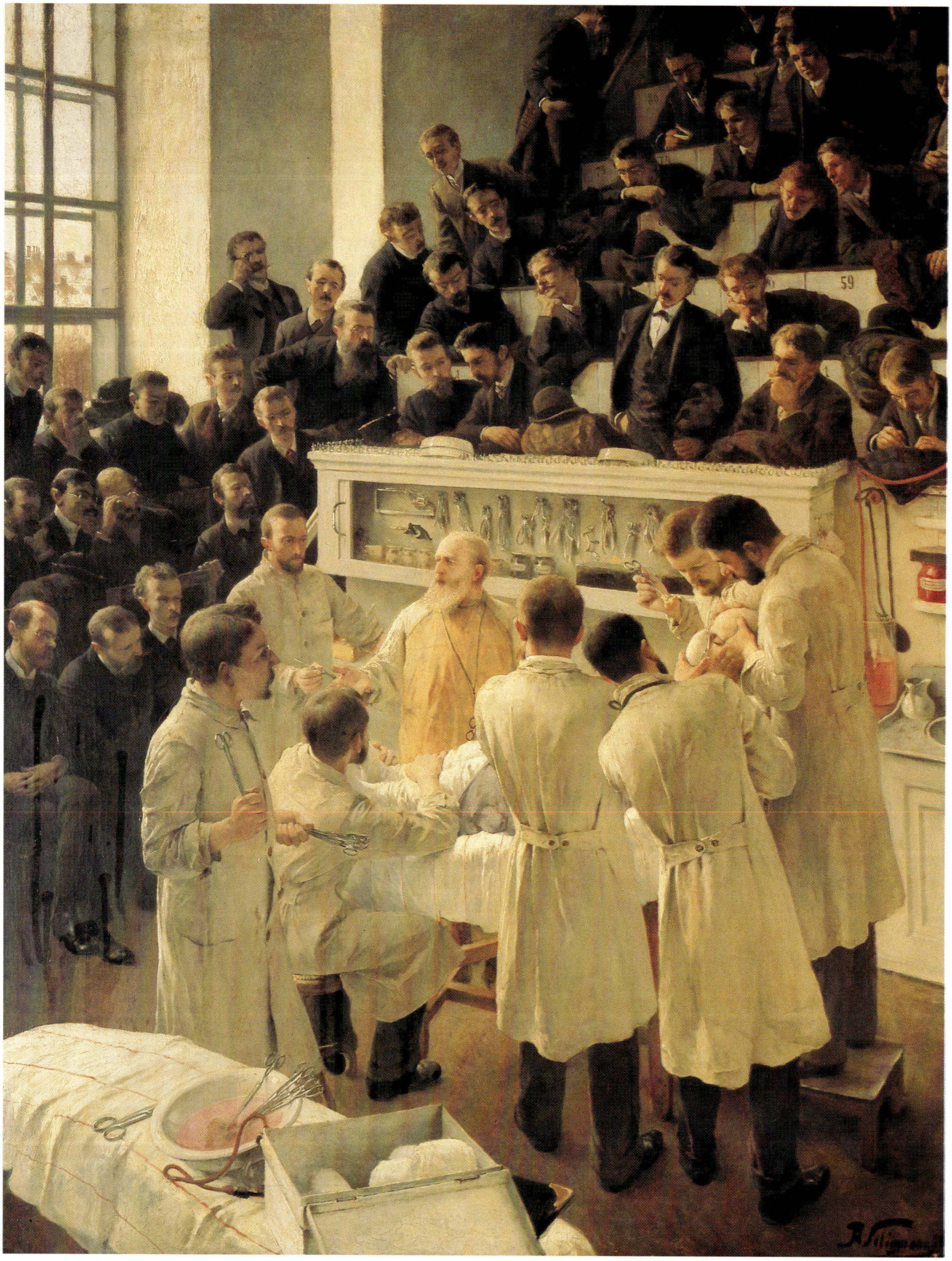

Das jüngste Kind, Maximiliane Josepha Caroline (* 1810), liebevoll »Ni« genannt, starb noch nicht elf Jahre alt. Entwurf des Grabmals von Leo von Klenze, Ausführung Bildhauer Konrad Eberhard.

◁ Ein Sohn des Herzogspaares Max und Ludovika wurde ein berühmter Augenarzt: Karl Theodor (1839–1909).
In diesem Ausschnitt aus einem Gemälde von Adalbert Franz Seligmann »Im Hörsaal Theodor Billroths«, 1890, ist der Herzog in der untersten Sitzreihe (Dritter von links) als Hospitant bei dem berühmten Chirurgen Billroth in Wien zu erkennen.

Das älteste und das jüngste Kind des bayerischen Königspaares ruhen in der Theatinerkirche:
Prinz Maximilian auf dem Totenbett, 1803. – Nach der Totgeburt eines Prinzen 1799 kam am 28. Oktober 1800 in Amberg Prinz Maximilian Joseph zur Welt, der im blühenden Alter von noch nicht drei Jahren verstarb.

Joseph von Kellerhoven (1789–1840), Prinzessin Maximiliane als Innocentia, 1818. – Die achtjährige Tochter des bayerischen Königspaares wird als kleine Heilige dargestellt. Sie ist in die Knie gesunken und erhebt betend ihren Blick zu einer Himmelserscheinung. Die Lilie ist das Symbol für die junge Unschuld, der Falter Hinweis auf die Wiederauferstehung der Seele.

Peter Fendi (1796–1842), Kinder der Häuser Habsburg und Wittelsbach, um 1837. – Das prachtvoll gerahmte Porträt der Königin Caroline im Hintergrund weist darauf hin, daß es sich um deren Enkel handelt. Den in erster Linie repräsentativen Charakter des Aquarells des Wiener Malers verdeutlicht die Position des Erzherzogs Franz. Begleitet von Herzog Ludwig in Bayern und Erzherzog Ferdinand Maximilian – die er beide überragt – nimmt er, seiner künftigen Würde entsprechend, den Platz vor der kolossalen Säulenformation ein. Die Identifizierung der übrigen Kinder kann nicht in allen Fällen erfolgen, jedoch dürfte der Junge links im Vordergrund als Erzherzog Carl Ludwig, die beiden kleineren Mädchen in der Bildmitte als Herzogin Helene in Bayern und Erzherzogin Maria Anna angesprochen werden.

KÖNIG LUDWIG I. (1825–1848)
und
KÖNIGIN THERESE

Ludwig Karl August
* 25. 8. 1786 Straßburg
† 29. 2. 1868 Nizza
▭ Basilika St. Bonifaz, München

Therese
Prn. von Sachsen-Hildburghausen
* 8. 7. 1792 Jagdschloß Seidingstadt/
Hzgt. Sachsen-Hildburghausen
⚭ 12. 10. 1810 in München
† 26. 10. 1854 München
▭ Basilika St. Bonifaz, München

Die Nachkommen:

Maximilian Joseph (1811–1864)
s. unter König Maximilian II. Joseph

Mathilde Karoline Friederike (1813–1862)
⚭ Großhg. Ludwig III. v. Hessen u. bei Rhein

Otto Friedrich Ludwig (1815–1867), Kg. v. Griechenland
⚭ Amalie Friederike, Prn. v. Oldenburg

Theodolinde Charlotte Luise (1816–1817)

Luitpold (1821–1912)
s. unter Prinzregent Luitpold

Adelgunde Auguste Charlotte (1823–1914)
⚭ Franz V. Ferdinand, Hg. v. Modena

Hildegard Louise Charlotte (1825–1864)
⚭ Albrecht Friedrich Rudolf, Ehg. v. Österreich,
Hoch- u. Deutschmeister

Alexandra Amalie (1826–1875)

Adalbert Wilhelm (1828–1875)
(*Begründer der Linie Adalbert;* s. dazu auch Stammtafel S. 242)
⚭ Amalia Felipe Pilar, Infantin v. Spanien

Autokrat und Bauherr

Nach dem Tode seines Vaters König Max I. Joseph übernahm der 39jährige Kronprinz Ludwig am 12. Oktober 1825 wohlvorbereitet die Regierung des Königreichs Bayern. Er betrachtete sich als Autokrat. Er herrschte und regierte selbst, seine Minister sah er nur als »oberste Diener der Krone«. Wie die ungeheure Zahl seiner schriftlichen Anweisungen und Signate beweist, interessierte er sich für alles und entschied möglichst alles selbst.

1825 übernahm König Ludwig I. den Staat mit einer Schuldenlast von 16 Millionen Gulden. Die ersten Gesetzesinitiativen galten daher der Vereinfachung der Verwaltung und der Sanierung der Finanzen. Unter der Sparpolitik hatte vor allem das Militär zu leiden. Der König beließ die Ministerien seines Vaters von 1817, ergänzte aber das Innenministerium 1825 noch durch einen »Obersten Kirchen- und Schulrat«. Gegen den Widerstand der liberalen Minister, ebenso gegen die Mehrheit der Abgeordnetenkammern und der Presse setzte Ludwig I. die Wiedereinführung der Orden (mit Ausnahme der Jesuiten) in Bayern durch. Die Säkularisation, insbesondere die Aufhebung der Klöster, »war der dunkelste Punkt im Werk der Regierung« (Weis) seines Vaters Max I. Joseph gewesen. 1803 hatte der Reichsdeputationshauptschluß den deutschen Staaten freie Hand zur Aufhebung der Klöster und zur Verfügung über deren Besitz gelassen. Doch Bayern hatte bereits 1801 und 1802 die Klöster der Bettelorden aufgehoben und damit begonnen, den Besitz der übrigen Orden einzuziehen. Unter Ludwig I. wurden nun zahlreiche Klöster wiederbelebt, Wallfahrten fanden wieder statt, religiöse Bräuche und Bruderschaften lebten auf.

Ignaz von Döllinger (1799–1890)

Auf Anordnung des Königs wurde 1826 die Universität von Landshut nach München verlegt. Eine Reihe von bedeutenden protestantischen Professoren erhielten einen Ruf nach München, so der Philosoph Friedrich Wilhelm von Schelling, der Philologe Friedrich Wilhelm Thiersch und der Jurist Georg Ludwig von Maurer, daneben die katholischen Gelehrten Joseph von Görres, Ignaz Döllinger und Johann Nepomuk Ringseis.

Unter dem Gesichtspunkt der historischen Stämme teilte der König sein Land in acht Kreise auf, aus denen die späteren Regierungsbezirke wurden. Ludwig I. nannte sich nun nicht mehr nur König von Bayern und Pfalzgraf bei Rhein, sondern auch Herzog von Franken und in Schwaben. Das bis heute gebräuchliche Staatswappen ließ er dementsprechend gestalten.

In den Jahren 1826 bis 1831 versuchte der König, die rechtsrheinische Pfalz mit den ehemals wittelsbachischen Städten Heidelberg und Mannheim zurückzugewinnen, jedoch ohne Erfolg.

Mit dem Königreich Württemberg schloß Ludwig I. am 18. 1. 1828 einen Zollbund, den Süddeutschen Zollverein. Diesem folgte der Zusammenschluß mit dem preußisch-hessischen; schließlich gehörten 28 deutsche Staaten dem Deutschen Zollverein an, der im Jahre 1834 in Kraft trat. Ziel war, einen einheitlichen deutschen Wirtschaftsraum zu schaffen.

Es gelang den intensiven Bemühungen des Königs, daß unter der Schutzherrschaft von Rußland, England und Frankreich sein Sohn Otto im Mai 1832 zum König derjenigen Gebiete Griechenlands proklamiert wurde, die sich mit Hilfe jener Mächte von den Türken befreit hatten.

Im selben Monat kam es zur »ersten politischen Massenversammlung der deutschen Geschichte« (Kraus) auf dem Hambacher Schloß bei Neustadt in der Pfalz. Etwa 30 000 Menschen forderten einen republikanischen deutschen Einheitsstaat und attackierten auch König Ludwig I. in heftigen Reden. Da das »Hambacher Fest« als

staatsgefährdend angesehen wurde, griffen sowohl der Deutsche Bund wie die bayerische Regierung hart durch.
Am 14. August 1838 erließ der König als oberster Befehlshaber eine Kriegsministerialorder, die festlegte, daß das Militär und die Landwehr bei Prozessionen, aber auch bei der Wandlung während der Messe und beim Segen vor dem Allerheiligsten niederknien sollten. Dieser Brauch war 1803 von Max I. mit Rücksicht auf die zahlreichen protestantischen Soldaten abgeschafft worden. Trotz heftiger Proteste hielt Ludwig I. (bis 1845) an diesem sogenannten Kniebeugeerlaß fest.
In den Jahren 1837 bis 1842 kam es zu den sogenannten Kölner Wirren. Der Erzbischof von Köln, Klemens August Freiherr von Droste zu Vischering, der in der Frage der Mischehen der preußischen Regierung Widerstand leistete, wurde durch preußische Dienststellen verhaftet. Ludwig I., der sich als Schutzherr der katholischen Sache fühlte, setzte sich vehement für die Rechte der Katholiken ein. Der König trat damit »aus dem innerkirchlichen Bereich in den der deutschen Bundespolitik ein« (Gollwitzer). Auch der von ihm einst zum Geschichtsprofessor berufene katholische Publizist Josef Görres klagte laut den preußischen Staat an.
Ludwigs Konflikt mit seinem Innenminister Karl von Abel, »einer Persönlichkeit von scharf ausgeprägter Eigenart« (Spindler), begann, als 1846 der Münchner Erzbischof Karl August Graf von Reisach nicht die verfassungsmäßig vorgeschriebene königliche Genehmigung zu einer kirchlichen Verlautbarung einholte. Als Ludwig daraufhin Anfang 1847 ein eigenes Kultusministerium neben dem Innenministerium schuf, war die Entmachtung Abels eingeleitet.

Karl von Abel (1788–1859)

Die letzten Regierungsjahre des Königs wurden zu einem unwürdigen Trauerspiel. Der Sechzigjährige verfiel der irischen Tänzerin Lola Montez (1818–1861). Trotz heftiger Proteste aus Regierung und Bevölkerung wollte er ihr den Wunsch erfüllen, sie in den Adelsstand zu erheben. Für die Indigenatsverleihung war die Gegenzeichnung des Innenministers Abel notwendig. Dieser, als »Haupt des katholischen Konservativismus«, verweigerte jedoch seine Unterschrift, und das Ministerium reichte schließlich seinen kollektiven Rücktritt ein. Ludwig bildete nun aus liberalen Ministern ein Ministerium, das bereit war, das Indigenat für Lola Montez zu unterzeichnen. Kurz darauf machte er sie zur Gräfin Landsfeld.
Mit dem neuen Ministerium, zu dessen führenden Männern der protestantische Georg von Maurer als Justiz- und Außenminister und Friedrich Freiherr von Zu Rhein als Kultus- und Finanzminister gehörten, bahnte sich besonders in der Kulturpolitik ein neuer Kurs an. Anders als unter Abel waren nun die protestantischen Kräfte bevorzugt. Doch schon im November des gleichen Jahres wurden die Minister aufgrund des Widerstandes des oppositionellen katholischen Blocks und auf Betreiben der Tänzerin Lola Montez und ihres Günstlings Franz von Berks wieder entlassen. Ludwig I. holte nun Fürst Öttingen-Wallerstein als Verweser des Außen- und Kultusministeriums; Innenminister wurde von Berks.
Im Januar 1848 kam es in München anläßlich der Beerdigung des Katholikenführers Görres zu Studentenunruhen, die sich gegen die antiklerikale Regierung und gegen Lola Montez richteten. Der König ließ sogleich die Universität schließen, was zu noch größerer Erregung in der Stadt führte. Nun protestierten auch die Bürger Münchens. Tausende zogen vor die Residenz und forderten die Wiedereröffnung der Universität und die Ausweisung von Lola Montez. Da die Unruhen auszuufern drohten, sah sich Ludwig schließlich gezwungen, zu kapitulieren. Er ordnete die Wiedereröffnung der Universität an und am 11. Februar die Ausweisung seiner Geliebten, was er als äußerste Demütigung empfand.
Die von Frankreich ausgehenden Unruhen, der Sturz des

Juli-Königtums, hatte auch Auswirkungen auf Bayern. In München forderte das Bürgertum nun neben dem Rücktritt des Lola Montez-Günstlings Franz von Berks Pressefreiheit, die Ministerverantwortlichkeit, ein reformiertes Wahlgesetz, die Öffentlichkeit der Gerichtsverfahren. Da der König diese Forderungen zunächst nicht ernst nahm, erstürmte die Menge das Zeughaus und bewaffnete sich. Nur die Zusage von Prinz Karl, Ludwigs jüngstem Bruder, daß der König umgehend den Landtag einberufen werde, konnte das Volk zunächst beruhigen. Als die Unruhen wieder aufflackerten, stimmte Ludwig I. den sogenannten »Märzforderungen« zu. Am 20. März 1848 entschloß sich der König abzudanken: »Ihm war klar geworden, daß seine autokratische Regierungsweise nicht mehr möglich war.« (Hartmann)
König Ludwig I. ist vor allem »wegen seines mäzenatischen Königtums . . . in die vorderste Reihe der europäischen Monarchen seiner Zeit« zu stellen (Gollwitzer). Er gab nicht nur Kunstwerke in Auftrag, er gestaltete wesentlich mit. Es gelang ihm, aus München »eine Stadt zu machen, die Teutschland zur Ehre gereichen soll, daß keiner Teutschland kennt, wenn er nicht München gesehen hat.«

Grabmal des Bischofs Johann Michael Sailer (1751–1832) im Regensburger Dom, errichtet auf Veranlassung Ludwigs I.

König Ludwig I. und Königin Therese – ein ungleiches Paar

Ludwig I. wurde am 25. August 1786 in Straßburg geboren; sein Taufpate war König Ludwig XVI. von Frankreich. Mit 9 Jahren verlor Ludwig seine geliebte Mutter Auguste Wilhelmine, geborene Prinzessin von Hessen-Darmstadt. Sie hatte für ihre vier Kinder noch den bedeutenden Gelehrten und Priester Josef Anton Sambuga als Religionslehrer bestimmt. »Dieser pflanzte in Ludwig das Ideal des christlich-patriarchalischen Herrschers« (Rall). Der Hofmeister Joseph Kirschbaum, ehemaliger Professor an der französischen Kriegsschule, legte die Erziehung auf Befehl und Gehorsam an; er begleitete den Kurprinzen auch auf die Universitäten Landshut und Göttingen. Der katholische Theologe Johann Michael Sailer und der Historiker und Staatswissenschaftler August Ludwig von Schlözer begeisterten Ludwig besonders. Bildungsreisen nach Italien 1804 ließen die Wertschätzung für die klassische Antike erwachen, was zu den großartigen Bauten und zur Einrichtung einer ersten öffentlich zugänglichen Antikensammlung, der Glyptothek in München, führte.
Mit 23 Jahren erwählte sich Ludwig auf Vorschlag seines Vaters Max Joseph die 17jährige Prinzessin Therese von Sachsen-Hildburghausen zur Gemahlin. Da seine Schwestern die Heiratswünsche Napoleons zu befolgen hatten, wollte er selbst eine politisch unbedenkliche Wahl treffen. Therese stand übrigens auch auf der Liste der Prinzessinnen, die sich Napoleon 1809 als selbsternannter Kaiser hatte zusammenstellen lassen, um nach seiner Scheidung von Kaiserin Josephine in ein altes Fürstenhaus einzuheiraten.
Therese war am 8. Juli 1792 in dem Jagdschlößchen Seidingstadt bei Hildburghausen geboren. Sie wuchs am Hof in Hildburghausen in einer äußerst kunstsinnigen Atmosphäre auf; ihre Mutter Charlotte, eine Prinzessin aus dem Hause Mecklenburg-Strelitz, zählte zu den »vier schönen Schwestern auf dem Thron«, wie dies der Dichter Jean Paul in dem diesen Damen gewidmeten Roman

»Titan« ausführte: außer ihr waren dies Königin Luise von Preußen, Mathilde Therese Fürstin von Thurn und Taxis und Friederike Prinzessin von Solms-Braunfels. Durch die Kinder der Königin Luise von Preußen hatte Therese Vettern und Basen, von denen drei von besonderem politischem Interesse für die Familie der Wittelsbacher werden sollten: König Friedrich Wilhelm IV., König Wilhelm I., der spätere Kaiser, und Charlotte, die unter dem Namen Alexandra die Gemahlin des Zaren Nikolaus I. von Rußland war.

Therese bekam als Kinderfrau Johanna Nonne, als Erzieherinnen Henriette von Stengel und Baronin von Scherer, als Lehrer den Hofprediger Heinrich Kühner. Sie wurde in deutscher Literatur und der französischen Sprache sowie in Zeichnen und Musik bestens unterrichtet.

Die feierliche Verlobung des bayerischen Kronprinzen Ludwig und der Prinzessin Therese aus dem Hause Wettin fand am 12. Februar 1810 in Hildburghausen statt. Nach mehrfachem Aufschub folgte die Vermählung am 12. Oktober in der Hofkapelle der Münchner Residenz. Ludwig hatte versucht, die evangelische Prinzessin zur Konversion zu überreden, doch es war ihm nicht gelungen.

Bei der Anreise nach München machte die Braut in Begleitung ihrer Eltern und Geschwister Zwischenstation in Regensburg, um ihre Tante und Taufpatin Mathilde Therese von Thurn und Taxis (1773–1839) zu besuchen; diese galt als eine Frau, die »zu ihrer Zeit in Deutschland nicht nur wegen ihrer hohen Geburt und Geistesbildung, sondern auch wegen ihrer forschen Emanzipationsbestrebungen berühmt und berüchtigt« (Reiser) war.

Die Hochzeitsfeierlichkeiten in München dauerten fünf Tage an. Seit 1722 hatte die Stadt keine Fürstenhochzeit mehr in ihren Mauern erlebt. Eines der Feste, welches das Königshaus zusammen mit dem Volk feierte, war ein Pferderennen der Nationalgarde-Kavallerie am 17. Oktober 1810 auf einer Wiese, die nach der Kronprinzessin Therese für alle Zeiten »Theresienwiese« heißen sollte. Im folgenden Jahr wurde das Fest wiederholt und mit der deutschen Landwirtschaftsausstellung verbunden – das größte Bierfest der Welt, das Oktoberfest, war geboren. Am Abend nach dem Pferderennen fand der große Opernball statt. Als sich die sichtlich erschöpfte Therese zurückziehen wollte, brachte der Ehemann sie in die Residenz, kehrte selbst aber auf den Ball zurück, um seiner jungen Frau – wie er sagte – seine Unabhängigkeit zu beweisen. Dies sollte für Therese der Beginn eines oft demütigenden Zusammenlebens mit einem »unausgeglichenen Menschen voller Widersprüche« (Gollwitzer) sein.

In den folgenden Jahren wohnte das Kronprinzenpaar im Winter in Innsbruck, im Sommer in Schloß Mirabell bei Salzburg, dann standen ihm einige Zeit die ehemalige fürstbischöfliche Residenz in Augsburg und schließlich die Schlösser in Aschaffenburg und Würzburg zur Verfügung. So kamen die neun Kinder, die dem Ehepaar geboren wurden, an verschiedenen Orten zur Welt. Der Kronprinz Maximilian allerdings wurde am 28. November 1811 in der Residenzstadt München geboren, daher später oft als »Kapitalbayer« bezeichnet. Mathilde, »die Augsburgerin in der Königssippe«, erblickte am 30. August 1813 in Augsburg das Licht der Welt und wurde im dortigen Dom feierlich getauft; sie wurde später die Gemahlin des Großherzogs Ludwig III. von Hessen-Darmstadt.

Am 1. Juni 1815 erfolgte in Salzburg die Geburt des Prinzen Otto Friedrich Ludwig. Er galt als ein sehr zurückhaltendes, nervöses Kind, das weder zum Herrscher geboren noch erzogen wurde. Doch sein Vater setzte die Wahl des 17jährigen zum griechischen König durch. Von seiner Familie verabschiedete sich der Prinz an der Stelle im Höhenkirchner Forst, wo später die Ottosäule errichtet wurde und das Dorf Ottobrunn entstand. Der Abschied von der Mutter erfolgte in Bad Aibling, dem ersten Bad in Bayern; dort erhebt sich das von den »Frauen Bayerns« gestiftete Theresienmonument mit der Inschrift: »Ludwigs zweitgeborener Sohn riß sich hier vom Mutterherzen, um Retter und König Griechenlands zu werden. Dezember 1832«. An der Stelle, wo Otto bei Kufstein Bayern verließ, baute man ab 1834 die »König-Otto-Kapelle«.

Die Königin war ihrem wenig entschlußfreudigen Sohn bei der Suche nach einer Braut behilflich. 1836 vermählte er sich schließlich mit der charmanten, sehr energischen Amalie von Oldenburg. Otto vereinbarte mit seiner evangelischen Gemahlin, als griechisches Königspaar den zu erwartenden Kindern eine griechisch-orthodoxe Erziehung angedeihen zu lassen. Doch nach einer Fehlgeburt blieb Amalie kinderlos.

Das vierte Kind des Kronprinzenpaares, geboren am

7. 10. 1816, mit Namen Theodolinde Charlotte Luise, lebte nur sechs Monate und liegt im Dom in Würzburg begraben. Luitpold, der spätere Prinzregent, kam am 12. März 1821 in Würzburg zur Welt; am 19. März 1823 folgte Adelgunde Auguste Charlotte. Sie wurde die Gemahlin von Franz V. Ferdinand Herzog von Modena, Erzherzog von Österreich-Este. Da Adelgundes Leben 91 Jahre währte, kannte sie alle vier bayerischen Königspaare und den oft einsamen König Ludwig II.; sie ruht in der Kapuzinergruft zu Wien.

Das siebte Kind war Hildegard Louise Charlotte, geboren am 10. 6. 1825. Sie vermählte sich am 1. Mai 1844 mit Albrecht Friedrich Rudolf Erzherzog von Österreich, Hoch- und Deutschmeister; dieser war der Sohn des »Helden Karl«, der bei Aspern 1809 über Napoleon gesiegt hatte.

Prinzessin Alexandra Amalie erblickte am 26. August 1826 in Aschaffenburg das Licht der Welt. Dieses Mädchen war der besondere Liebling des Königspaares. Literarisch begabt, machte Alexandra auch mit Erzählungen und Übersetzungen aus dem Englischen und Französischen auf sich aufmerksam. In späteren Jahren wurde sie auf Wunsch ihres Vaters Vorsteherin und Äbtissin der Königlichen Damenstifte zur Hl. Anna in München und Würzburg. Der Gesundheitszustand der Prinzessin war zeitlebens labil. Sie starb 1875 mit nur 49 Jahren. Im gleichen Jahr verstarb auch ihr zwei Jahre jüngerer Bruder Adalbert. Dieser war verheiratet mit der Infantin von Spanien, Amalia Felipe Pilar. Über Adalberts Sohn, den Arzt Ludwig Ferdinand (1859–1949), und dessen Sohn, den Historiker Adalbert (1886–1970), der mit wichtigen Publikationen über das Haus Wittelsbach hervorgetreten ist, blüht die Familie bis heute. Adalberts Schwester, Prinzessin Maria del Pilar (1891–1986), machte sich als Malerin einen Namen.

»Das Leben im Süden ist seliger, stetiger Genuß«, so formulierte 1804 der 18jährige Kronprinz Ludwig seine Empfindungen über Italien. 27 Reisen unternahm er dorthin, die ihn jedesmal für Monate von München fernhielten. Nach Italien zog ihn aber später nicht nur seine Neigung für die Künste, sondern das, was auch der Königin nicht verborgen blieb, »eine zarte Leidenschaft«, die Italienerin Marianna Marchesa Florenzi, der er im Laufe der Zeit 3000 Briefe schrieb. Als er diese Geliebte 1831 sogar an den Hof nach München einlud, verließ die gedemütigte Königin die Stadt und reiste in ihre Heimatstadt Hildburghausen.

Während der König für das Entstehen eines neuen Münchens große Summen ausgab und seine diversen Geliebten mit Geschenken überhäufte, erwies er sich als Ehemann und Vater als äußerst geizig. Das der Königin zugestandene Budget war so knapp bemessen, daß sie Ludwig immer wieder um Geld bitten mußte. Besonders erniedrigend für sie war, daß er sie sogar Schuldscheine unterschreiben ließ.

War der König auf Reisen – und das kam häufig vor –, hatte Therese viele Repräsentationspflichten zu erfüllen, sie informierte ihren Mann über das politische Geschehen in Bayern bzw. an den benachbarten Höfen, verhan-

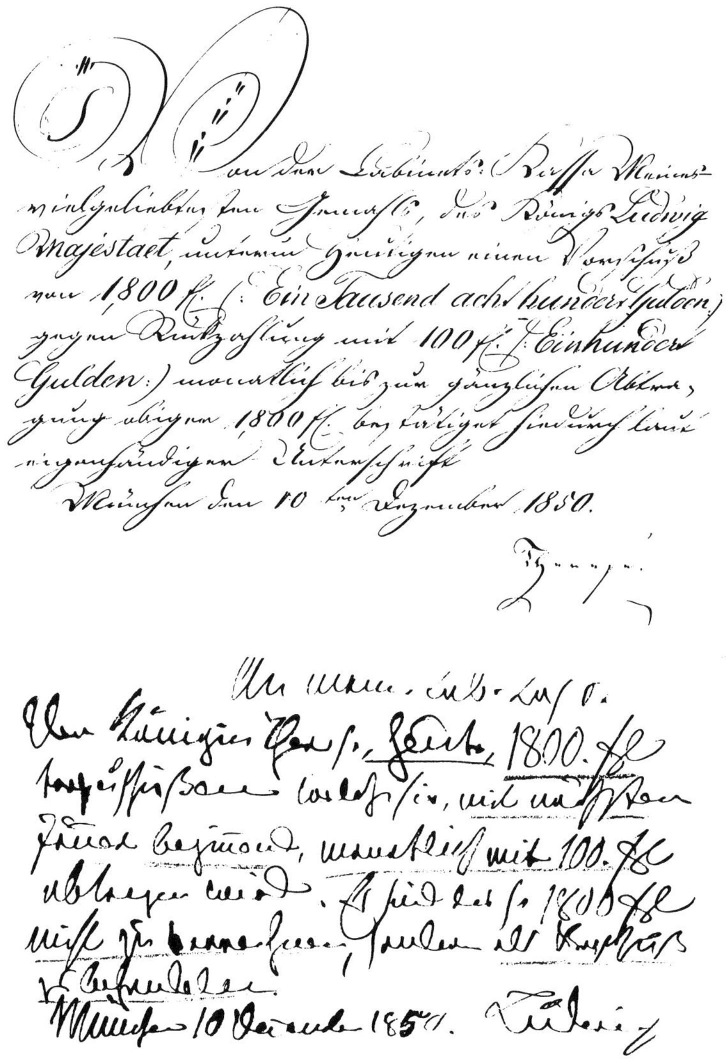

Von der Königin unterschriebener Schuldschein (oben) und die Anweisung Ludwigs I. an die Kabinettskasse (unten).

delte auf Wunsch Ludwigs auch mit den Ministern. Heiratsprojekte für ihre Kinder betrieb sie mit großem Geschick, etwa als der Zar Nikolaus I. von Rußland seine Tochter Olga mit dem bayerischen Kronprinzen Maximilian verheiraten wollte, dieser aber keinerlei Neigung zeigte, sich in den Stand der Ehe zu begeben.
Königin Therese galt als eine ausgesprochene Schönheit. König Ludwig dagegen ist auf den meisten Darstellungen geschönt. Er war zwar ein großer und schlanker Mann, aber sein Gesicht war durch Blatternnarben entstellt; er litt zeitlebens unter Ausschlägen und Flechten, außerdem war er bedauernswerterweise schwerhörig. Seine Stiefmutter, Königin Caroline, schrieb ihrer Tochter, daß der Kronprinz ». . . alle Gebrechen seiner armen Mutter geerbt hatte: Schwerhörigkeit, schwache Brust, Schwierigkeiten beim Sprechen . . . Ich konnte schreien, aber das war nutzlos, und wenn er wunderbarerweise die ersten Worte verstanden hatte, so hörte er nicht zu und fährt fort, selbst zu sprechen. Es ist sehr schwierig.« 1821 trat in Bayern ein Wunderheiler auf, der angab, Kranke durch sein Gebet heilen zu können. Ludwig rief ihn während eines Kuraufenthaltes in Bad Brückenau zu sich. Es war der Geistliche Prinz Alexander von Hohenlohe-Schillingsfürst. Der Kronprinz ließ sich von ihm behandeln und glaubte danach tatsächlich, besser zu hören, was sich aber als Trugschluß erwies.
Elfmal verbrachten Ludwig und Therese die Sommermonate in Bad Brückenau, eine liebe Gewohnheit, die kurz vor der Silberhochzeit jäh abgebrochen wurde. Der König ließ durch seinen engsten Vertrauten Ludwig von der Tann der Königin übermitteln, daß er von nun an allein nach Bad Brückenau zu reisen wünsche. Die Königin erstarrte, wie sie selbst schrieb, »zur Bildsäule«. Ludwigs »äußerst aktives erotisches Temperament« (Gollwitzer) machte die letzten Jahre seiner Regierungszeit zu einem Trauerspiel.

Heinrich Maria von Heß, Vorzeichnung der Hildegard von Bingen (als Namenspatronin der Prinzessin Hildegard von Bayern) zum Marienaltar in St. Bonifaz.

Am Tag der Silberhochzeit, dem 12. Oktober 1835, erfolgte die Grundsteinlegung für das Benediktinerkloster St. Bonifaz in München, dessen Kirche Ludwig später als Grablege bestimmte. Bereits zu seinen Lebzeiten hatte Ludwig auch die Herstellung seines Sarkophags nach dem Vorbild der Grabmale der Normannenkönige im Dom zu Monreale bei Palermo veranlaßt.
Königin Therese ging ihrem Mann 14 Jahre im Tod voraus. Sie starb am 26. Oktober 1854 in der Residenz in München an der Cholera, nachdem man schon einen Dankgottesdienst zur Beendigung der verheerenden Epidemie gefeiert hatte. Zwei Tage nach dem Ableben seiner Frau verließ König Ludwig die Residenzstadt München und begab sich zusammen mit seiner Tochter Mathilde nach Darmstadt. An der vorläufigen Beisetzung seiner Frau in der Theatinerkirche in München nahm er nicht teil. Es war nicht vorab geklärt worden, in welcher Form die Beisetzungsfeierlichkeiten für die evangelische Fürstin stattfinden sollten. Nach Fertigstellung der St.-Bonifaz-Kirche wurde der Sarg dorthin überführt. Das Herz der Königin wurde am 21. März 1857, dem Benediktus-Tag, durch Abt Haneberg, dem späteren Bischof von Speyer, in die dafür vorgesehene Urne gelegt.

Anläßlich der Überführung seiner verstorbenen Frau nach St. Bonifaz drückte der König seine Gefühle in einem Gedicht aus:

Die Du gereinigt lebest, ohne Fehle,
Sei mein Schutzengel auf der Erde Du,
Beschirme in dem Kampfe meine Seele,
Geleite, liebend, sie dem Himmel zu.

Zum Entsetzen seiner Tochter Mathilde, Großherzogin von Hessen–Darmstadt, verliebte sich der inzwischen 71jährige König in ihre 19jährige Hofdame Freiin Carlotta von Breidbach-Bürresheim und machte ihr einen Heiratsantrag, den diese jedoch ablehnte. Gegen ihren Willen ließ Ludwig I. sie für die Schönheitsgalerie malen. Fünf Jahre nach dem Tod seiner Gemahlin verlor der König auch seine erst 48jährige Tochter Mathilde.

König Ludwig I. starb am 29. Februar 1868 in Nizza. Er wurde nach St. Bonifaz überführt. Sein Herz ruht in der Gnadenkapelle in Altötting.

Angelika Kauffmann (1741–1807), Kronprinz Ludwig von Bayern, 1805–07. – Das Gemälde wurde 1805 während Ludwigs erstem Romaufenthalt begonnen, wo er die damals sehr angesehene Künstlerin kennenlernte. ▷

Seite 58

Joseph Stieler (1781–1858), Königin Therese im Krönungsornat, 1827. – Auf dem Haupt trägt Therese die Königinnenkrone, welcher ein Diamanten- und Brillantendiadem vorgesetzt ist. Das Kleid ist nach französischem Vorbild im Empireschnitt gefertigt. Den Krönungsmantel lieferte der Lyoner Fabrikant Blanchon Cortet zu einem Preis von 15 858 Gulden.

Seite 59

Joseph Stieler (1781–1858), König Ludwig I., 1825. – König Ludwig ließ sich, gestützt auf die Verfassungsurkunde, mit den Attributen der Macht – Krone, Szepter und Schwert – darstellen. Im Bildhintergrund erhebt sich der klassizistische Tempel der Walhalla, für den er bereits die Pläne des Architekten Leo von Klenze vorliegen hatte. Rechts oben (in die Wand gemeißelt) ist der Wahlspruch des Königs zu erkennen: »GERECHT UND BEHARRLICH«.

Gustav Kraus (1804–1852), Pferderennen anläßlich des Oktoberfestes 1844. – Aus Anlaß der Vermählung des Kronprinzenpaares Ludwig und Therese, 1810, wurde ein Pferderennen auf der Theresienwiese abgehalten, aus dem später das Oktoberfest hervorging.

Gustav Kraus, Patrimonalgericht Dachau, Festzug zur Silberhochzeit des Königspaars Ludwig I. und Therese, 1835.

François Gérard (1770–1837), Mathilde Therese von Thurn und Taxis (1773–1839), geb. Prinzessin von Mecklenburg-Strelitz. – Sie war die Tante und Taufpatin der Königin Therese und zählte zu den »vier schönen Schwestern auf dem Thron«: Herzogin Charlotte, Theresens Mutter, Friederike von Solms und Königin Luise von Preußen.

Oben rechts: Joseph Stieler, Amalie Freiin von Kruedener, 1828. – Amalie (1808–1888) war die natürliche Tochter des Grafen Maximilian von Lerchenfeld und der Fürstin Mathilde Therese von Thurn und Taxis. Das als Amalie Stargard in Regensburg eingetragene Mädchen wurde von Gräfin Lerchenfeld-Köfering adoptiert und trug daher den Namen Gräfin von Lerchenfeld (ohne Wappen). In erster Ehe war sie mit Freiherrn von Kruedener, dem Geschäftsträger bei der russischen Gesandtschaft in München verheiratet, in zweiter Ehe mit Graf Nikolaus Adlerberg, Adjutant des Zaren, den sie als Ehrendame der Zarin in St. Petersburg kennengelernt hatte.

Joseph Grassi (1758–1838), Königin Luise (1776–1810), 1802. – Die Gemahlin Friedrich Wilhelms III. war eine Tante der Königin Therese.

Hanfstaengl
1832
THERESE
Königinn von Bayern

Franz Xaver Nachtmann (1799–1846), Das Schreibkabinett der Königin Therese von Bayern in der Münchner Residenz, 1838. – Bei seinem Regierungsantritt gab König Ludwig I. 1825 dem Architekten Leo von Klenze den Auftrag, einen neuen Trakt der Münchner Residenz zu errichten. Die Zimmer konnten am Tag der Silberhochzeit bezogen werden. Es entstand ein Zyklus nach dem Nibelungenlied, die Gemächer des Königs schmückten Szenen aus antiken Werken, die Räume der Königin waren deutschen Dichtern gewidmet. – Für das Dekorationssystem des Schreibkabinetts der Königin dienten pompeijanische Vorbilder. Thema der Wandbilder sind Werke von Schiller, die in Wachsmalerei von Philipp Foltz und Wilhelm Lindenschmitt ausgeführt wurden. Man erkennt Szenen aus den Gedichten »Der Gang nach dem Eisenhammer«, »Der Handschuh«, »Der Graf von Habsburg« und »Der Taucher«. Im Gewölbe erscheinen Szenen aus »Wilhelm Tell«, der »Braut von Messina« und dem »Kampf mit dem Drachen«.

◁ Franz Hanfstaengl (1804–1877), Therese Königin von Bayern im Alter von 40 Jahren, 1832.

F. T. Berg, König Max I. Joseph und Königin Caroline vor Würzburg, 1818. – Das Königspaar sitzt auf einer Bank, der König in Redingote und Reitstiefeln, in der Rechten einen Zylinder; die Königin in einem roten, weiß verzierten »altdeutschen« Seidenkleid mit einem Diadem in den dunklen Locken. Sie hält in der Linken einen blauen Regenschirm mit umgekehrter Mechanik, während die Rechte sich auf den Unterarm ihres Gemahls stützt und dabei ein Lorgnon hält. Zwischen den Bäumen hindurch erblickt man die Festung Marienberg bei Würzburg.

F. T. Berg, Kronprinz Ludwig und Prinzessin Therese vor Aschaffenburg, 1818. – Unter einer Geisblattlaube sitzt Ludwig mit seiner jungen Frau. Sie hält eine Miniatur ihres Gemahls. Dieser umschließt mit der Rechten ihren Arm und blickt sie an. Er trägt die schwarze »altdeutsche« Tracht mit Bruststern. Im Hintergrund Schloß Johannisburg, die Residenz des Kronprinzenpaares.

Peter von Hess (1792–1871), Grundsteinlegung der Gaibacher Konstitutionssäule, 1822/23. –
Der fränkische Standesherr Franz Erwein Graf von Schönborn-Wiesentheid, ein enger Freund des bayerischen Kronprinzen Ludwig und der Kronprinzessin Therese, die sich oft in Würzburg aufhielten, beschloß zur Erinnerung an den Erlaß der Verfassung von 1818 auf dem Sonnenberg bei Gaibach über Volkach am Main ein Monument errichten zu lassen. Am 26. Mai 1821, dem dritten Jahrestag der Verfassung, legten Kronprinz Ludwig und der Graf den Grundstein zu der von Leo von Klenze entworfenen Konstitutionssäule. In der Mitte des Bildes ist der Kronprinz im blauen Frack und hellen Hosen zu erkennen. Er weist mit der Rechten auf den Grundstein hin, mit der Linken hält er die Hand des Stifters, des Grafen Schönborn-Wiesentheid. Neben ihm ist Leo von Klenze dargestellt. An den Fahnenmast mit der unruhig im Wind flatternden weißblauen Streifenfahne gelehnt der Entwurf der Säule, gehalten von Baumeister Büttner. Daneben sitzen im weißrosa Kleid Kronprinzessin Therese und Gräfin Castell, hinter dieser steht der Hofmarschall der Kronprinzessin, Oberst von Washington, wohl mit einer Hofdame.

Franziska Schöpfer (1763–1836), Jugendbildnis des späteren Königs Maximilian II.

Stundenplan für den Unterricht der drei älteren Kinder des Kronprinzenpaares Therese und Ludwig. Der Unterricht erfolgte täglich (außer sonntags). Er begann um 7 Uhr und endete um 18.30 Uhr.

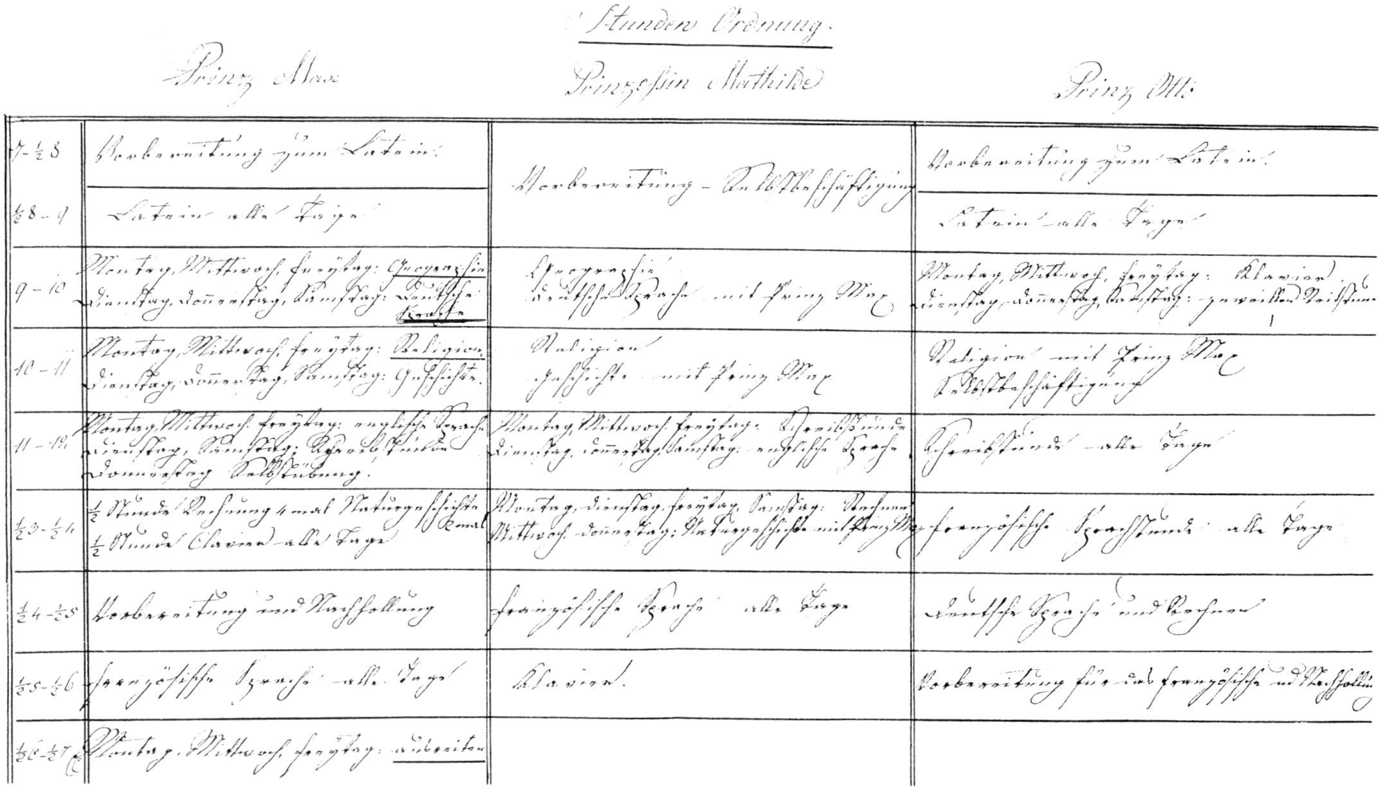

Stunden Ordnung.

	Prinz Max	Prinzessin Mathilde	Prinz Otto
7–½8	Vorbereitung zum Latein.	Vorbereitung – Selbstbeschäftigung	Vorbereitung zum Latein.
½8–9	Latein alle Tage		Latein alle Tage
9–10	Montag, Mittwoch, Freytag: Geographie dienstag, donnerstag, Samstag: deutsche Sprache	Geographie deutsche Sprache mit Prinz Max	Montag, Mittwoch, Freytag: Klavier dienstag, donnerstag, Samstag: [illegible]
10–11	Montag, Mittwoch, Freytag: Religion dienstag, donnerstag, Samstag: Geschichte.	Religion Geschichte mit Prinz Max	Religion mit Prinz Max Selbstbeschäftigung
11–12	Montag, Mittwoch, Freytag: englische Sprache dienstag, Samstag: Schreibstunden donnerstag Selbstübung.	Montag, Mittwoch, Freytag: Schreibstunde dienstag, donnerstag, Samstag: englische Sprache	Schreibstunde alle Tage
½3–½4	½ Stunde Rechnung 4 mal Naturgeschichte 2 mal ½ Stunde Clavier alle Tage	Montag, dienstag, freytag, Samstag: Rechnen Mittwoch, donnerstag: Naturgeschichte mit Prinz Max	französische Sprachstunde alle Tage
½4–½5	Vorbereitung und Nachholung	französische Sprache alle Tage	deutsche Sprache und Rechnen
½5–½6	französische Sprache alle Tage	Clavier.	Vorbereitung für die französische und Nachholung
½6–½7	Montag, Mittwoch, Freytag: arbeiten		

Mathilde (1813–1862), älteste Tochter Ludwigs I., und ihr Gemahl Ludwig III., Großherzog von Hessen und bei Rhein (rechts). Fotos um 1860.

Leo von Klenze (1784–1864) und Max von Widmann (1812–1895), Das 1944 zerstörte Grabmal der Großherzogin Mathilde in der kath. St. Ludwigskirche, Darmstadt.

Ferdinand Le Feubure (1815–1898), Zimmer der Prinzessin Mathilde im Wittelsbacher Palais in München.

Das »Pompeijanische Haus« in Aschaffenburg 1854 aus Prinzessin Mathildes Skizzenbuch.

»Ich will aus München eine Stadt machen, die Teutschland so zur Ehre gereichen soll, daß keiner Teutschland kennt, wenn er nicht München gesehen hat.« So sprach König Ludwig I. Er ist in München und weitum im Lande als Bauherr, Mäzen und Sammler, als Restaurator und Denkmalschützer noch gegenwärtig.
Heinrich Adam (1787–1862), Das neue München: Der Max-Josephs-Platz 1839. – Randansichten (v. o. l. n. r.): Isartor, Ludwigstraße mit Staatsbibliothek, Universität, Ludwigstraße mit Blick nach St. Kajetan, Hofgarten, Mariahilfkirche, Bonifatiusbasilika, Obelisk am Karolinenplatz (J. B. Stiglmaier schuf aus 600 Zentnern Metall von unbrauchbar gewordenen Kanonen den Obelisk zur Erinnerung an die 30000 Bayern, die 1812 mit Napoleons Heer in Rußland fielen), Alte Pinakothek, Festsaalbau der Residenz, Glyptothek, Wittelsbacher Palais, Allerheiligenhofkirche, Ludwigskirche.

Seite 68 oben

Die Aussteuer, der sog. »Trousseau«, von Prinzessin Mathilde, aufgebaut im Hofgartenzimmer ihrer Mutter Königin Therese in der Münchner Residenz.

◁ Philipp Foltz (1805–1877), Abschied Ottos vom Münchner Hof, 1832. – Die griechische Nationalversammlung wählte am 8. August 1832 den erst 17jährigen Prinzen Otto von Bayern zum König der Hellenen, für den bis zu seiner Volljährigkeit hohe bayerische Beamte die Regentschaft führten. Am 6. Dezember 1832 verließ der junge Prinz die Residenz in München, um nach Griechenland zu reisen.

König Ludwig I. von Bayern im Familienkreis beim Betrachten des Bildes »Einzug König Otto in Nauplia« von Peter von Hess, nach Bodmers Originalzeichnung lithographiert von J. Melcher. – V. r.: Erbgroßherzog Ludwig III. von Hessen, Erbgroßherzogin Mathilde, Prinz Luitpold, König Ludwig I. und Kronprinz Maximilian, die Königin Therese mit den Kindern Alexandra, Adalbert, Adelgunde und Hildegard.

König Otto I. von Griechenland (1815–1861), um 1833.

Carl Rahl (1812–1865), Königin Amalie von Griechenland, geb. Prinzessin von Oldenburg (1818–1875).

Die Ottosäule (links) wurde an der Stelle errichtet, wo sich Vater und Sohn vor der Abreise nach Griechenland verabschiedeten: im heutigen Ottobrunn.

Theresienmonument in Bad Aibling, gestiftet von den Frauen Bayerns zur Erinnerung an den Ort des Abschieds der Königin Therese von ihrem Sohn Otto, 1834.

Heinrich Maria von Heß (1798–1863), Fresko um 1845. – Zur Silberhochzeit des Königspaares Ludwig I. und Therese erfolgte die Grundsteinlegung der Benediktiner-Abtei St. Bonifaz in München. Die Kirche wurde von König Ludwig zu seiner Grablege bestimmt. Der Marienaltar, im letzten Krieg zerstört, zeigte die Namenspatrone der königlichen Kinder. Rechts: Hildegard von Bingen, Kaiserin Mathilde, Papst Alexander, Abt Odilo von Cluny als Schutzpatron König Ottos von Griechenland; links: Bischof Maximilian und Äbtissin Adelgundis, Markgraf Leopold, Schutzpatron des späteren Prinzregenten Luitpold, sowie Adalbert, den Bischof von Prag.

Joseph Stieler (1781–1858), Alexandra Amalie Prinzessin von Bayern. – Alexandra, am 16. August 1826 in Aschaffenburg geboren, war das jüngste Kind im Königshaus. Nach dem Tod ihrer Mutter nahm sich der König besonders liebevoll dieser Tochter an, die zeitlebens unter Depressionen litt. Sie verstarb unverheiratet 1875 in München.

DAS
KÖNIGREICH BAYERN
IN
SEINEN ACHT KREISEN
GERECHT UND BEHARRLICH

Wilhelm von Kaulbach (1805–1874), Freskenzyklus für die Neue Pinakothek (1848), König Ludwig, umgeben von Künstlern und Gelehrten. –
In der Tracht des Hubertusritterordens steht Ludwig vor dem bayerischen Löwenthron und wird hinterfangen von dem Hauptportikus der Glyptothek, links im Hintergrund die Südfassade der Alten Pinakothek, rechts die Front der Staatsbibliothek.
Links vorne Johann Joachim Winckelmann (1717–1768), umgeben von Ausstellungsstücken des ersten Museumsbaus des Königs u. a. »Barberinischer Faun«, »Aegineten-Krieger«. Rechts: der Förderer der altdeutschen Malerei Melchior Boisserée (1786–1851) mit gotischem Glasbild, Galeriedirektor J. Georg von Dillis (1759–1841) präsentiert ein italienisches Triptychon, der bärtige Architekt Carl Haller von Hallerstein (1774–1817) und der Maler und Bildhauer Johann Martin von Wagner (1777–1858) mit griechischen Gefäßen, ganz rechts Franz S. Brulliot (1780–1836), der Leiter der Kupferstichsammlung. Die zu Füßen des Königs liegenden Rollen sind beschriftet: »Wiederherstellung des Bamberger Doms« und »Glasfenster für den Cölner Dom«.

◁ Lommel/Bauer, Das Königreich Bayern in seinen acht Kreisen, Nürnberg 1836. – Im Zentrum des Titelbildes thront auf dem Verfassungsstein die gekrönte Bavaria, im Schoß die Abzeichen der souveränen Herrschaft des Königs, in der Linken den Schild mit dem Monogramm des Beschützers Ludwig I., in der Rechten das Füllhorn des Friedens. Um sie geschart erscheint die bayerische »Nation« in ihren verschiedenen Ständen, wobei der Bund von Landwirtschaft und Gewerbe im Vordergrund steht. Im Hintergrund links die Silhouette Nürnbergs, rechts die Walhalla. Im Rahmen sind die Kreise Bayerns jeweils durch das Wappen ihrer Hauptstadt und die Abbildung eines regionalen Charakteristikums dargestellt. Oben in der Mitte beginnend: Oberdonau (Stadtwappen Augsburg, Spinnen und Weben), Regen (Regensburg, Jagd), Untermain (Würzburg, Weinbau), Rhein (Speyer, Hammerwerker), Obermain (Bayreuth, Bergmann), Rezat (Ansbach, Getreide-, Hopfen- und Tabaksanbau), Unterdonau (Passau, Schiffahrt), Isar (München, Sennen). Im Sockel das neue Wappen Bayerns mit der Devise des Königs »GERECHT UND BEHARRLICH«.

Julius Schnorr von Carolsfeld (1794–1872), Ausschnitt aus dem Fresko des Botenberichts vom Untergang der Nibelungen im »Saal der Klage« in der Münchner Residenz: König Ludwig I. als lorbeerbekränzter Nibelungen-Dichter und Ludwig II. als jugendlicher Sänger.

Adalbert Prinz von Bayern (1828–1875) und Prinzessin Amalia Felipe Pilar von Spanien (1834–1905) beim Hoffest im Residenz-Theater 1864. –
Die Adalbertinische Linie:Da die beiden Söhne des Königs Max II. keine Nachkommen hatten, König Otto von Griechenland ohne Erben blieb, ging die Thronfolge auf Luitpold über = die Luitpoldinische Linie. Der nächste Agnat wäre Adalbert gewesen = Adalbertinische Linie.
Adalbert, jüngster Sohn Ludwigs I., galt nach seinem Bruder Luitpold als Nachfolger des kinderlosen Königs Otto von Griechenland, was allerdings die Erziehung seiner zukünftigen Kinder zum orthodoxen Glauben vorausgesetzt hätte. Papst Pius IX. war nicht geneigt, einem solchen Ansinnen zuzustimmen. Am 70. Geburtstag seines Vaters König Ludwig I. heiratete Prinz Adalbert die Infantin Amalia Felipe Pilar, Tochter des Kgl. spanischen Infanten Franz de Paula und dessen Gemahlin Luise, Prinzessin Beider Sizilien, in Madrid. Als der erste Sohn, geboren am 22. Oktober 1859 in Madrid, katholisch auf den Namen Ludwig Ferdinand Maria Karl getauft wurde, war dies der Schlußstrich unter ein künftiges Wittelsbacher Königtum in Athen.

Alfons Prinz von Bayern (1862–1933), zweiter Sohn Adalberts Prinz von Bayern, als Ehren-Großprior des Ritterordens vom Heiligen Georg. – Der Prinz war vermählt mit Luise von Alençon-Orléans, Tochter der Herzogin Sophie, der einstmaligen Braut König Ludwigs II., und des Prinzen Ferdinand Philipp von Orléans und Herzogs von Alençon.

Gedenkblatt an das 25jährige Hochzeitsjubiläum des Königspaares Ludwig I. und Therese nach einem Entwurf von Frhr. von Künsberg.

Wiener Billet, Neujahrsglückwunsch der Königin Therese an ihren Mann, 1838. – Eigenhändige Umschrift von der Hand der Königin: »Meinem Ludwig in der ersten Stunde des Jahres 1838.«

Der vornehmste Damenorden Bayerns: der von der Königin Therese 1827 gestiftete Theresienorden.

Carl Friedrich Voigt, Familien-Thaler, 1828. – Vorderseite: König Ludwig I. Auf der Rückseite: Königin Therese mit ihren acht Kindern. Umschrift: Segen des Himmels.

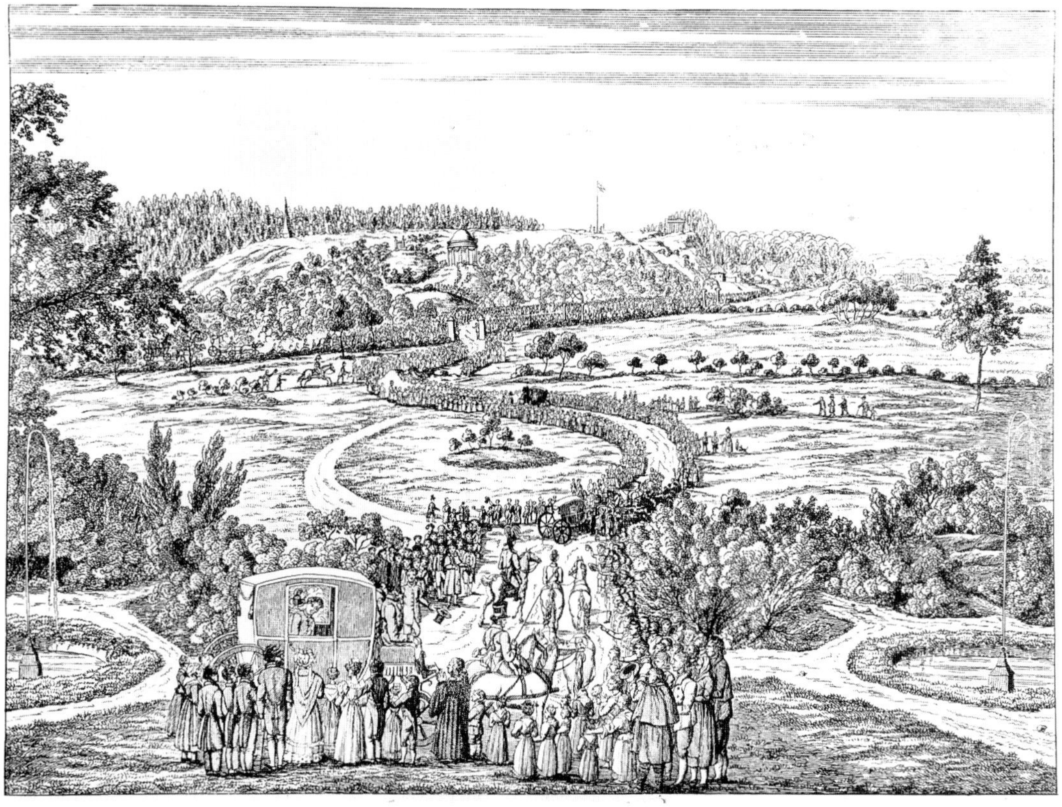

Die königliche Karosse auf der Fahrt durch den schwäbischen Oberdonaukreis.

Titelbild einer vierbändigen Ausgabe von Gedichten Ludwigs I., verlegt von Johann Friedrch Cotta, 1829. – Über die Qualität seiner Dichtkunst schrieb der König:

»Daß dich nicht täusche das reichliche Lob; denn was du gedichtet, Ungepriesen blieb's, säßest du nicht auf dem Thron.«

Nach einem Gemälde von Joseph Stieler (1749–1832): Johann Wolfgang von Goethe (1749–1832). –
Das bayerische Königspaar Max I. Joseph und Caroline besuchten Goethe von Dresden aus in Weimar. Max I. Joseph und Goethe kannten sich aus Mainz, »als sie miteinander viel Champagner mit Selzer-Wasser tranken.« König Ludwig I. gratulierte Goethe persönlich zu dessen 78. Geburtstag in Weimar und überreichte den mit dem persönlichen Adel verbundenen Verdienstorden.

Gustav Kraus (1804–1852), Eröffnung der Eisenbahnlinie München – Augsburg am 1. September 1839.

Das erste Donaudampfschiff »Ludwig I.«. – 12 Jahre nach der Grundsteinlegung zur Walhalla (18. 10. 1830) war König Ludwig I. zur Eröffnung des „Kindes meiner Liebe", wie er die Walhalla nannte, erneut anwesend. Die Fahrt von Regensburg nach Donaustauf sollte auf dem Donaudampfschiff »Ludwig I.« stattfinden. Der König bevorzugte jedoch die Landroute.

Ferdinand von Miller d. J. (1842–1929), Standbild des Königs Ludwig I. von Bayern in der Walhalla: »Das dankbare Volk«, 1890.

Schützenscheibe für das Freischießen am 17. Oktober 1830 von Hans Kransperger, Regensburg. – Im geschnitzten gotisierenden Rahmen in Form einer Torarchitektur mit den Wappenschilden Bayerns und der Stadt Regensburg wird auf der Schützenscheibe die Übergabe der Stadtschlüssel durch die »Ratisbona« an König Ludwig I. dargestellt. Der im Krönungsornat mit dem Modell der Walhalla in der Hand an einem Weihestein mit seiner Regierungsdevise »Gerecht und Beharrlich« stehende König ist von Ehrenjungfrauen und Schützen in altdeutschen Kostümen umgeben.

◁ Lola Montez (1818–1861) – fotografiert von Franz Hanfstaengl, München, und porträtiert von Joseph Stieler 1847. Das Gemälde der Tänzerin und Geliebten König Ludwigs I. wurde im Festsaalbau der Residenz öffentlich gezeigt und stellte die Sensation des Sommers 1847 dar.

Theodor Rehbenitz (1791–1861), Marchesa Marianna Florenzi, 1827. – Kronprinz Ludwig lernte die jungverheiratete Italienerin im Karneval von Rom 1821 kennen und brach diese außereheliche Beziehung sein Leben lang nicht ab. Auf seine Veranlassung hin unterrichtete der Künstler dieses Bildes die Marchesa auf deren Landgut Colombella b. Perugia seit 1824 in der deutschen Sprache. Ihr Sohn Ludovico (geb. 21. 10. 1821), Patenkind Ludwigs I., war von 1839–1840 in der Pagerie zu München. 1896 starb er als Kgl. bayer. Kämmerer in Perugia.

◁ ◁ Karikatur auf den dichtenden König Ludwig I. in einer intimen Boudoir-Situation mit Lola Montez. Der König betrachtet die auf seinem Finger sitzende »Spanische Fliege«, wie die aus Schottland stammende Lola fälschlich genannt wurde.

◁ König Ludwig I. wurde 81 Jahre alt. Er starb 1868 in Nizza.

L. Rohbock/Johann Poppel, Villa Ludwigshöhe. – König Ludwig I. ließ sich die Villa Ludwigshöhe von Architekt Friedrich von Gärtner (1791–1847) bei Edenhoben in der Pfalz errichten: ein Kleinod spätklassizistischer deutscher Baukunst. Seit 1975 ist sie im Besitz des Landes Rheinland-Pfalz. Die Villa, die auch die Max-Slevogt-Galerie beherbergt, ist zugänglich.

Kampf des Pan mit Amor im Gesellschaftszimmer der Villa Ludwigshöhe. Als Vorbild der Bemalung gilt das Pompeijanum in Aschaffenburg bzw. Original aus Herculaneum.

Marliese Fay, Landau/Pfalz 1986, Königin Therese, Kupferhalbrelieftafel mit einem Wort König Ludwigs I.:

DU SEELENVOLLE
DU ZWINGST DIE SEELE

Die Erinnerungstafel ist am Anfang der Theresienstraße in Rhodt unter Rietburg, der schönsten Weinstraße der Pfalz, angebracht.

Denkmal für König Ludwig I. in Edenkoben. – Sockelinschrift: »Aufenthalt meiner Jugend. Pfalz, Dich lieb ich und Euch Pfälzer, wie Ihr mich.«

Kirchenstuhl der Königin Therese in Rhodt unter Rietburg mit dem bekrönten T.

Bad Brückenau, Postkarte mit Kursaal und Denkmal Ludwigs I.

Ein Denkmal für König Ludwigs I. Sohn, König Max II., steht in Bad Kissingen.

Gustav Kraus (1804–1852), Feierliche Enthüllung der von Ferdinand von Miller gegossenen Kolossalstatue der Bavaria am 9. Oktober 1850. – Dieses Fest war für den abgedankten König Ludwig I. das letzte große, das er mit seiner Gemahlin Therese, die 1854 an der Cholera starb, gemeinsam feierte und zu dem auch der geliebte Sohn Otto aus Griechenland gekommen war.

Gedenkmünze anläßlich des ersten Theresienfestes in Hildburghausen 1991, der Heimatstadt der Königin Therese, das nun alljährlich stattfindet.

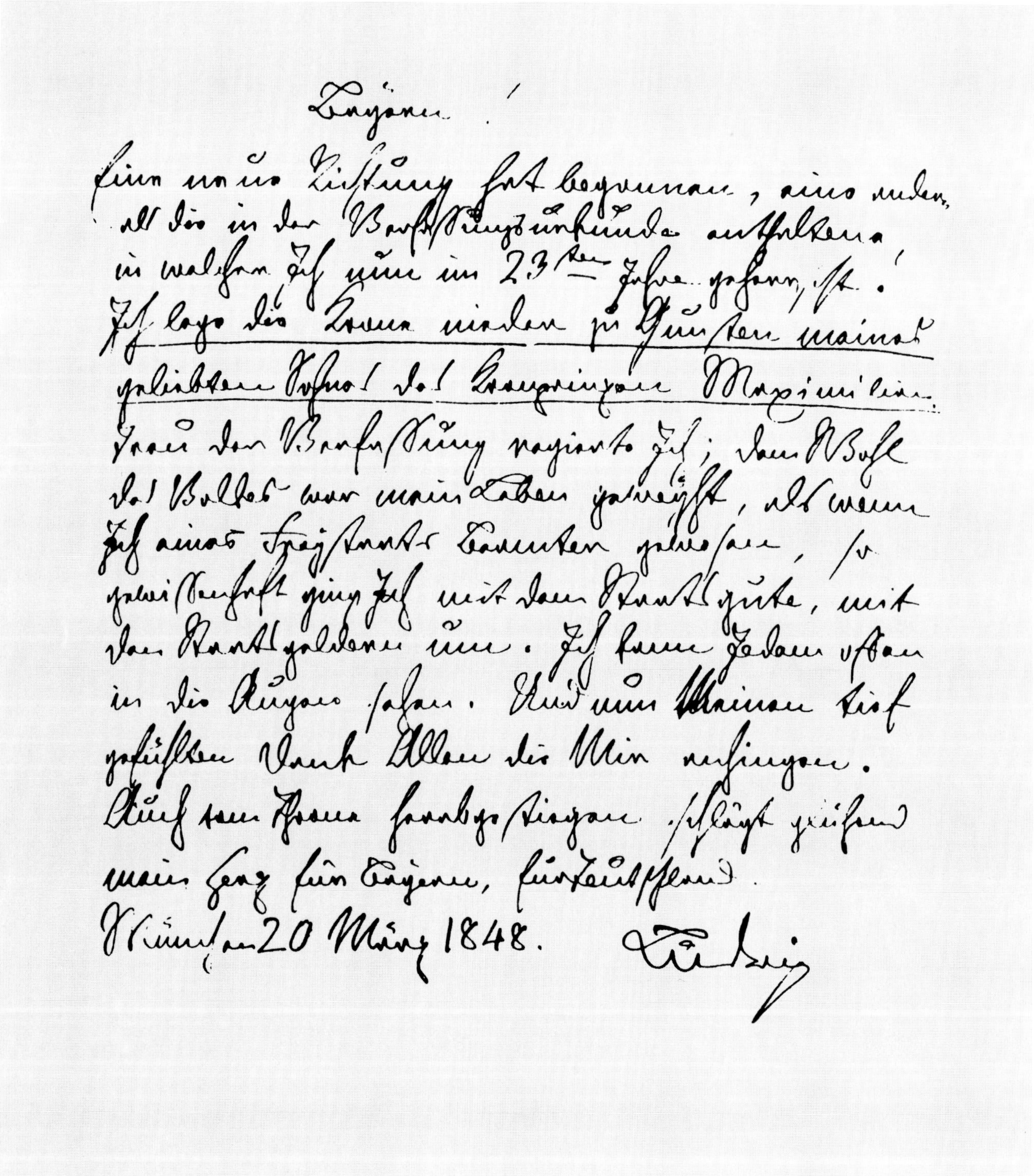

Bayern!
Eine neue Richtung hat begonnen, eine andere,
als die in der Verfassungsurkunde enthaltene,
in welcher Ich nun im 23sten Jahre geherrscht.
Ich lege die Krone nieder zu Gunsten meines
geliebten Sohnes des Kronprinzen Maximilian.
Treu der Verfassung regierte Ich; dem Wohle
des Volkes war mein Leben geweiht, als wenn
Ich eines Freistaates Beamter gewesen, so
gewissenhaft ging Ich mit dem Staatsgute, mit
den Staatsgeldern um. Ich kann Jedem offen
in die Augen sehen. Und nun Meinen tief
gefühlten Dank Allen die Mir anhingen.
Auch vom Throne herabgestiegen, schlägt glühend
mein Herz für Bayern, für Teutschland.
München den 20 März 1848. Ludwig

Eigenhändiger Entwurf des Thronverzichts König Ludwigs I. vom 20. März 1848, abgedruckt im Regierungsblatt.

KÖNIG MAXIMILIAN II. JOSEPH (1848–1864)
und
KÖNIGIN MARIE

Maximilian Joseph
* 28. 11. 1811 München
† 10. 3. 1864 München
▭ Theatinerkirche, München

Marie Friederike
Prn. von Preußen
* 15. 10. 1825 Berlin
⚭ 12. 10. 1842 in München
† 17. 5. 1889 Hohenschwangau
▭ Theatinerkirche, München

Die Nachkommen:

Ludwig Otto Friedrich Wilhelm (1845–1886)
s. unter König Ludwig II.

Otto Wilhelm Ludwig (1848–1916)

»Wahrheit will ich in Allem,
Recht und gesetzmäßige Freiheit!«

Maximilian war der erste bayerische König, der in der Residenzstadt München geboren wurde. Von seinem Vater »im politischen Abseits« gehalten, weilte er nach seinem 21. Lebensjahr meist als »Burgherr« in Schloß Hohenschwangau, das für ihn als Sommersitz wieder errichtet worden war. Der Thronfolger war geprägt durch seine Studienaufenthalte an den Universitäten Göttingen und Berlin, wo er bei dem Historiker Friedrich Christoph Dahlmann sowie bei Leopold von Ranke und Karl Georg von Raumer Vorlesungen gehört hatte. Er unternahm mehrere Studienreisen, so nach Paris, London, Rom, Athen und Konstantinopel.

Nach der Abdankung seines Vaters trat er 1848 in dessen Rechte ein. Die von diesem zuletzt zugestandenen Reformforderungen hatte der neue König nun einzulösen, was er auch tat; sie wurden im Mai 1848 im Reformlandtag verabschiedet. Die Zensur wurde abgeschafft, die Pressefreiheit eingeführt. Dazu kam ein Gesetz über die Versammlungsfreiheit. Strafverfahren waren künftig öffentlich und mündlich abzuhalten. Des weiteren kam es zur Abschaffung der Grundherrschaft und der Patrimonialgerichtsbarkeit. Eingeführt wurde die Ministerverantwortlichkeit und im Juli 1848 ein Gesetz, das die Wahl der Landtagsabgeordneten neu regelte.

Im April 1849 veranlaßte der König eine Regierungsumbildung. Der liberale Protestant Ludwig Freiherr von der Pfordten (1811–1880) übernahm das Außenministerium, wurde zum Vorsitzenden des Ministerrates ernannt und schließlich auch Handelsminister.

In der Zeit der beginnenden Industrialisierung nahm sich Maximilian besonders der Unterschichten seines Volkes an. Er ging – allerdings auf den Widerstand der Eltern stoßend – gegen die Kinderarbeit vor, gründete Unterstützungsvereine, führte arbeitsbeschaffende Maßnahmen für Arbeiter und Tagelöhner durch und ließ preiswerte Wohnungen errichten. Der König war durchdrungen von der Überzeugung, daß es eine der wichtigsten Aufgaben der Zeit sei, der zunehmenden Armut im Land entgegenzuwirken. So wurden 1848 der Evangelische Handwerkerverein, 1851 die Protestantische Rettungs- und Erziehungsanstalt Feldkirchen, 1850 das Maria-Martha-Stift und 1861 der Magdalenenverein gegründet. Im Jahre 1853 erfolgte die Gründung des St. Johannes-Vereins, eines überkonfessionellen Zentralvereins für wohltätige Zwecke, der für Waisen, Blinde und Taube sorgen sollte. Unterstützung vom Königspaar erhielt auch das Maximilians-Waisenstift, dessen Vorsteherin Prinzessin Alexandra, des Königs Schwester, war.

Der König, der seinen eigenen Aussagen nach »lieber ein Professor als ein Regierender« geworden wäre, förderte mit großem Engagement die Wissenschaften. Er berief zahlreiche Gelehrte aus Norddeutschland nach München, die sogenannten »Nordlichter«. Ab 1854 hielt er wöchentlich einmal in der Grünen Galerie der Residenz ein Symposium ab. 1855 erfolgte die Gründung des Bayerischen Nationalmuseums. 1858 gründete der König die Historische Kommission bei der Bayerischen Akademie der Wissenschaften. Erster Präsident wurde der Historiker Leopold von Ranke (1795–1886).

Maximilian vertrat als König ein kulturpolitisches Programm mit dem Ziel, »Bayern durch Pflege der Wissenschaften ... ein bedeutendes geistiges Gewicht zu verleihen« (Dickerhoff). Er hielt engen Kontakt zu zahlreichen Gelehrten, Künstlern und Literaten wie Bluntschli, Geibel, Heyse, Schack, Bodenstedt, Pocci, Kobell, Riehl, Liebig, Sybel, Klenze. Zu seinen Stiftungen zählt auch das Maximilianeum (ursprünglich Athenäum genannt), ein Studienheim für die Hochbegabten Bayerns, und der Maximilians-Orden für Wissenschaft und Kunst. Die entstehenden repräsentativen Bauten an der Maximilian-

Zeichnung von Franz Graf von Pocci (1807–1876), »Pocci zum Oberstkämmerer erhoben«.

straße in München wurden zusammen mit dem Wittelsbacher Palais im sogenannten Maximiliansstil errichtet, der von dem Architekten Friedrich Bürklein (1813–1872) mageschaffen worden war.
Außenpolitisch strebte der König die Bildung einer Triaspolitik an, die auch sein leitender Minister Ludwig von der Pfordten vertrat. Gemeinsam sollten Österreich, Preußen und ein Zusammenschluß deutscher Staaten unter bayerischer Führung die Geschicke Deutschlands leiten. Bayern versuchte zwischen den beiden Großmächten zu vermitteln und gleichzeitig die Selbständigkeit der Bundesstaaten zu erhalten. König Maximilian II. legte dazu einen zusammen mit Wilhelm von Dönniges erarbeiteten Entwurf bei der Nationalversammlung im Frühjahr 1848 vor, doch die Mehrheit des Frankfurter Parlaments überging den Vorschlag. Maximilian konnte mit seiner Politik keinen Erfolg erzielen, Berlin wurde immer mehr zum Machtzentrum in Deutschland.
1864 setzten Preußen und Österreich Bayern stark unter Druck, da König Max II. für die Selbständigkeit von Schleswig-Holstein eingetreten war, Bismarck dagegen die Herzogtümer annektieren wollte. Es kam zum Krieg. Schließlich verwaltete Österreich Holstein, Preußen den Landesteil Schleswig. In der Zeit dieser Auseinandersetzungen starb König Maximilian II., erst 52 Jahre alt.

König Maximilian II. und Königin Marie – ein glückliches Paar

Marie Prinzessin von Preußen und Maximilian Kronprinz von Bayern wurde am 12. Oktober 1842 um 12 Uhr in der Allerheiligen-Hofkirche in München vermählt. Eine Hochzeit, über die sich der regierende König Ludwig I. besonders freute, da er schon daran gezweifelt hatte, ob sich sein Sohn überhaupt noch zur Ehe entschließen würde. Die Auserwählte war Marie Friederike Franziska Hedwig Prinzessin von Preußen aus der Dynastie der Hohenzollern. Marie hatte eine bedeutende Ahnenreihe aufzuweisen, kam sie doch aus der Familie König Friedrichs II. von Preußen, genannt der Große. Ihre Eltern waren Prinzessin Marianne von Hessen-Homburg und Prinz Wilhelm, dessen ältester Bruder von 1797 bis 1840 als König Friedrich Wilhelm III. von Preußen regierte.
Am 6. Januar 1842 war Maximilian mit militärischem Gefolge zur Brautwerbung nach Berlin gereist. Ausgerechnet am Tag seiner Ankunft erkrankte Marie an Masern, so daß die feierliche Verlobung verschoben werden mußte und erst am 23. Februar im Schloß zu Berlin stattfinden konnte. Der Verlobung folgte im Juli die Konfirmation der 16jährigen Braut. Der Bräutigam reiste durch Böhmen nach Fischbach in Schlesien, wo die prinzliche Familie die Sommermonate zu verbringen pflegte, um an diesem Fest teilzunehmen. Er blieb bis zum 10. September. Die Brautzeit im Kreise der Familie nannte Maximilian einen »Vorgeschmack der Seligkeit, die uns jenseits erwartet«.
Am 5. Oktober, zehn Tage vor ihrem 17. Geburtstag, wurde Marie von Preußen in einer evangelischen Prokurativ-Trauung im Schloß zu Berlin Kronprinzessin von Bayern. An ihrer Seite stand Wilhelm Prinz von Preußen, der spätere Kaiser Wilhelm I., als Vertreter des bayerischen Kronprinzen Maximilian. Nach der Trauung wurde der Ehering an den Generallieutenant von Nostiz überreicht, der ihn dem bayerischen Kronprinzen nach München zu überbringen hatte. Der feierlichen Trauung und Gratulationscour in Berlin folgte eine triumphale Reise der Kronprinzessin Marie von Berlin nach München. Über die katholische Trauung, die am 12. Oktober in München stattfand, schrieb Mathilde, Großherzogin von Hessen-Darmstadt, die Schwester des Kronprinzen: »Max und Mariechen ... sind, dem Himmel sei Dank, das Bild des Glücks. Als sie vom Altare, an der Hand unseres Max, wegtrat, erschien sie uns wie sein schützender Engel ... Max weinte sehr bey der Trauung. Marie war unendl. gefasst, aber sehr blässlich – ihr Ausdruck verklärte, als sie d. Altar verliess.«
Nach einer Fehlgeburt im Frühjahr 1843 kam am 25. August 1845 der Erbprinz Ludwig im Grünen Salon auf Schloß Nymphenburg zur Welt. »Der Augenblick, wo das Kind den ersten Schrei tat, war ein herrlicher ... Es ist doch ein prächtiges Gefühl, Vater zu sein ...«, schrieb der Kronprinz.
Das Glück der jungen Kronprinzessin wurde nur dadurch getrübt, daß ihr Mann sie oft allein ließ. Sein Gesundheitszustand war angeschlagen: er litt seit seinem 24. Lebensjahr an einem »nervösen Kopfleiden«, schlimmen Kopfschmerzen und Depressionen. Er erhoffte sich eine Besserung in wärmeren Gefilden, vor allem in Italien und Griechenland.

In den Revolutionswirren von 1848 brachte die Kronprinzessin, etwas verfrüht, am 27. April 1848, ihren zweiten Sohn Otto zur Welt. »Wieder ein Neugeborener, der den Häusern Hohenzollern und Wittelsbach angehört«, so jubelte das Volk. Im Monat zuvor hatte Maximilian die Nachfolge seines Vaters Ludwig I. angetreten. »In dieser Zeit König zu werden, das war eine schwere, schwere Aufgabe, eine harte Last, die der Herr meinem armen König auferlegte; aber er trägt sie im Glauben, im kindlichen Vertrauen zu IHM. ER wird ihm helfen«, schrieb Königin Marie. Und Maximilian klagte seinem Vater: »Sie wissen, lieber Vater, unter welchen Umständen ich den Thron bestieg ... Diese schwere Last übernahm ich bei leidender Gesundheit, ich übernahm sie, auf Gott vertrauend und auf meinen redlichen Willen ... eine Dornenkrone ist es, die ich trage.«
König Maximilian erreichte nie die Popularität seines Vaters. Der große schlanke König mit der »weichen und verschleierten« Stimme sprach stets Hochdeutsch und wirkte »ernst, gemessen, verschlossen, ohne Leidenschaftlichkeit.« Marie dagegen in ihrer Jugendlichkeit und Herzlichkeit war sehr beliebt. Sie hatte großen Anteil daran, daß gerade in den Revolutionszeiten das Band zwischen König und Volk wieder fester geknüpft wurde.

Sowohl Maximilian II. wie Marie waren begeisterte Bergsteiger. Sie hielten sich mit ihren Kindern, so oft es möglich war, auf Schloß Hohenschwangau auf. Von hier aus unternahmen sie dann Fußreisen zu den umliegenden Bergen. Schon als Kronprinzessin hatte Marie den Alpenrosenorden gestiftet, um die Bergsteigerei auch für die Hofdamen und die Münchnerinnen attraktiver zu machen. Der König unternahm 1858 eine fünfwöchige Wander-, Fahr- und Reitreise durchs Gebirge, die in Lindau begann und in Berchtesgaden, das zu einem Lieblingsplatz des Königshauses wurde, endete.
Die Königin förderte besonders die evangelische Gemeinde in München. Mit einer Stiftung legte sie den Grundstock für eine »Wartestation für Gemeindekrankenpflege«, die von zwei Diakonissen geleitet wurde. Von ihrer Schwiegermutter Königin Therese hatte Marie als weitere soziale Aufgabe das Protektorat des Vereins des Dr. Haunerschen Kinderspitals übernommen. Den weitaus größten Teil der Medikamente stellte auf Anordnung des Königs die Hofapotheke zur Verfügung. Der Initiative des Königspaares verdankt auch die erste Frauengebäranstalt (1853–1856 erbaut von Friedrich Bürklein in der Sonnenstraße, heute Postsparkassenamt) ihre Entstehung.
Das Jahr 1863 sollte für das bayerische Königspaar ein wichtiges politisches Jahr werden. Im September fand unter Leitung Kaiser Franz Josephs der Fürstentag in Frankfurt statt, bei dem sich die deutschen Fürsten über eine Reform des Deutschen Bundes verständigen wollten. Auf Wunsch ihres Mannes setzte sich Marie bei ihrem Onkel König Wilhelm I. von Preußen nachdrücklich dafür ein, daß dieser auf den Fürstentag nach Frankfurt komme. Doch Wilhelm I. begab sich zur Kur nach Gastein, machte aber in München zusammen mit Otto Fürst Bismarck Station. Maximilian bat seine Gemahlin, den preußischen König in München solange »festzuhalten«, bis er mit anderen Fürsten nach München hätte eilen können, um ihn von dort nach Frankfurt zu holen. Bismarck aber sorgte dafür, daß Wilhelm I. nicht an dem Frankfurter Treffen teilnahm. Das Projekt scheiterte dann auch, weil die Mittelstaaten nicht ohne Preußen abschließen wollten.
Als es zur Krise um Schleswig-Holstein kam, weilte König Max in Italien. Er kehrte trotz seines schlechten Gesundheitszustandes nach München zurück. Das war im Dezember 1863; ein Vierteljahr später, am 10. März 1864, lag der König auf der Totenbahre.
Nach 22 Jahren war ein strahlendes Eheglück zu Ende. Als das Unfaßbare geschah, weilte die Königin am Bett ihres Mannes, der ihre Hand hielt. Seine letzten Worte galten seiner Frau: »O Marie! Ich – «.
In dieser Ehe ist in Erfüllung gegangen, was der Philosoph Schelling seinem einstigen Schüler Kronprinz Maximilian voraussagte, nachdem er die junge Braut in Berlin kennengelernt hatte: »Der Geist sagt mir, daß in solcher Lieblichkeit und Anmut, für die ich vergeblich den Ausdruck suche, Eurer Königlichen Hoheit das größte Glück Ihres Lebens zutheil werde ...«.

Königinwitwe Marie

Mit 39 Jahren war Marie nun Witwe geworden. Für die zahlreichen Beileidsbezeugungen, die sie erhielt, soll auszugsweise diejenige Leopold von Rankes stehen, des bedeutendsten Historikers jener Zeit, der dem Verstor-

Die bayerische Königsfamilie nach einer Aufnahme aus dem Jahre 1862.

2 4 5 7 8 10 11 13 14 15 17 18 19 20 22 24 26 27
1 3 6 9 12 16 21 23 25 28 29

1 Prinzessin Therese, 2 Prz. Ludwig, 3 Prinzessin Luitpold, 4 Prz. Leopold, 5 Prz. Luitpold, 6 Prz. Ludw. Ferd., 7 Prinzessin Alexandra, 8 Prz. Arnulf, 9 Prz. Alfons, 10 Prz. Adalbert, 11 König Otto von Griechenland, 12 Prinzessin Adalbert, 13 Königin von Griechenland, 14 König Ludwig II., 15 Otto, 16 Königin Maria, 17 König Max II., 18 König Ludwig I., 19 Prinz Karl, 20 Kaiserin von Oesterreich, 21 Herzogin Max, 22 Herzogin Alençon, 23 Fürstin Thurn u. Taxis, 24 Gräfin Trani, 25 Königin von Neapel, 26 Herzog Ludwig, 27 Herzog Karl Theodor, 28 Herzog Max, 29 Herzog Max Emanuel.

benen seit seinen Universitätsjahren nahestand: »Eure Königliche Hoheit vergeben mir, wenn ich bei dem trostlosen Ereignis, das uns traf wie ein Blitzstrahl aus heiterem Himmel, meine Gedanken auf E. M. hinwende, die holde und vertraute Gefährtin seines Lebens, die ihn glücklich machte, wie er in vertrauten Momenten, denen er mich würdigte, mir gesagt hat ... Jedermann freute sich der Beweise zärtlicher Freundschaft und Liebe, die zwischen E. E. M. N. gewechselt wurden ... Von Jenseits wird Sein Segen über Eure Majestät und Ihren Söhnen, von denen der Eine nun in das volle schwere Leben tritt, walten ...«.

König Ludwig I. weilte in Algier, als er die Nachricht von Maximilians Tod erhielt. Von dort schrieb er seinem Sohn Luitpold am 14. März 1864: »... Drücke der unglücklichen Marie meine innig gefühlte Teilnahme aus ... Arme Marie! aber armer Ludwig auch! ... Mein Sohn, König Maximilian II., ist für seinen Ruhm in günstiger Zeit gestorben.«

Nach des Königs so plötzlichem Tod war aus einer fröhlichen Königin eine tieftrauernde Witwe geworden. Sie zog sich auf ihren Witwensitz Schloß Hohenschwangau zurück, das sie sich mit ihren Söhnen Ludwig und Otto oft genug zu teilen hatte, was wegen der dort herrschenden Enge nicht immer ohne Spannungen ablief. Ab 1867 wurde Elbigenalp in Tirol zum »Sommerresidenzdorf« der Königin-Mutter, das Dorf, in dem die unter dem Namen »Geier-Wally« bekannt gewordene Malerin Anna Rosa Stainer-Knittel lebte.

In den Kriegsjahren 1866 und 1870/71 besuchte Marie Verwundete in verschiedenen Spitälern Bayerns und rief zur Gründung eines Bayerischen Frauenvereins auf. Am

18. Dezember 1689 wurde dann von ihr in München der »Bayerische Frauenverein vom rothen Kreuz« ins Leben gerufen.

An ihrem 32. Hochzeitstag, dem 12. Oktober 1874, der zugleich der Namenstag ihres verstorbenen Gemahls war, trat die Königin-Mutter zum katholischen Glauben über. In der Pfarrkirche in Waltenhofen in der Gemeinde Schwangau legte sie das tridentinische Glaubensbekenntnis vor dem damaligen Bischof von Speyer, Dr. von Haneberg, ab. Zehn Tage nach der Konversion vollzog Pankratius von Dinkel, der Bischof von Augsburg, die Firmung. Die Firmpatin der Königin-Mutter war Herzogin Ludovika, Tochter des ersten bayerischen Königspaares, Mutter der österreichischen Kaiserin Elisabeth (Sisi).

Postkarte von 1906: Ludwig II. und sein Bruder Otto.

In ihrer Witwenzeit erfuhr die Königin viel Zuwendung von den Mitgliedern des königlichen Hauses, vor allem von Prinzessin Therese, der Tochter des späteren Prinzregenten Luitpold. Diese empfand große Zuneigung für Maries jüngsten Sohn Otto. Otto, der ein besonders fröhliches Kind gewesen war, seiner Mutter sehr ähnlich sah, der als junger Mann gerne reiste, die Frauen und die Jagd liebte, zeigte bereits im Alter von 19 Jahren starke Hinweise auf eine beginnende Geisteskrankheit, die schließlich dazu führte, daß er seit dem Jahre 1883 bis zu seinem Tode (1916) auf Schloß Fürstenried interniert werden mußte.

Die Königin traf aber noch schlimmeres Leid. Am 13. Juni 1886 endete das Leben ihres geliebten Sohnes Ludwig II., König von Bayern. Sie weilte damals krank in Elbigenalp. Prinzessin Therese und der Beichtvater der Königin-Mutter überbrachten ihr die Todesnachricht. Die Königin-Mutter war so schwach, daß sie nicht nach Berg reisen konnte, wo ihr toter Sohn in ihrem Schlafzimmer aufgebahrt war. Kronprinz Friedrich Wilhelm von Preußen schrieb der Königin-Mutter Marie aus München einen rührenden Brief: »Heute sah ich Deinen geliebten Sohn zum letzten Mal ... Friede und Ruhe lagen auf seinen Zügen, denen der Tod die Schönheit nicht rauben konnte. Der Zudrang aller Schichten des Volkes zu seiner Aufbahrung war großartig und dauert ununterbrochen fort.«

Marie überlebte ihren Sohn Ludwig um drei Jahre. Sie verstarb im Alter von 63 Jahren am 18. Mai 1889 auf Schloß Hohenschwangau. Nachdem die einheimische Bevölkerung von ihr Abschied genommen hatte, wurde Maries Leichnam nach München überführt. Dort bahrte man sie nicht wie üblicherweise in der Hofkapelle auf, sondern wegen des großen Andrangs der Trauernden in der Allerheiligen-Hofkirche und bestattete sie dann an der Seite ihres Gemahls König Maximilian II. in der Theatinerkirche. Am 21. September erfolgte die Überführung des Herzens der Königin-Mutter in die Gnadenkapelle nach Altötting. Die Silberurne trägt die Wappen Bayerns und Preußens, überragt von der Königskrone und geziert mit einem Kranz von Alpenrosen und Edelweiß.

Wilhelm von Kaulbach (1804–1874), Maximilian II. Joseph König von Bayern in Hubertusritter-Ordenstracht, um 1852/53. ▷

Das inzwischen abgebrochene Schloß in Berlin, in dem Prinzessin Marie 1825 geboren wurde und wo sie einen Großteil ihrer Kinder- und Jugendjahre verbrachte.

Joseph Stieler (1781–1858), Friederike Freiin von Gumppenberg, Hofdame der Königin Marie, 1843.

◁ Karl Wilhelm Wach (1787–1845), Die zehnjährige Marie von Preußen, die spätere Königin von Bayern, und deren zehn Jahre ältere Schwester Elisabeth, spätere Gemahlin von Prinz Carl Wilhelm von Hessen-Darmstadt, um 1836.

Philippine Berndes, verh. Mebes († 1830), die Kinderfrau der Prinzessin Marie von Preußen.

Wilhelm von Schadow (1788–1862), Prinzessin Marianne von Preußen, die Mutter der bayerischen Königin Marie, mit deren Brüdern Adalbert und Wilhelm, 1820.

Caroline Gräfin von Luxburg (1820–1873), Erste Hofdame der Kronprinzessin Marie, bei ihrer Ankunft in Bayern. Die Gräfin, Schwester des Regierungspräsidenten von Unterfranken Friedrich Graf von Luxburg, heiratete 1853 Frh. von Cetto.

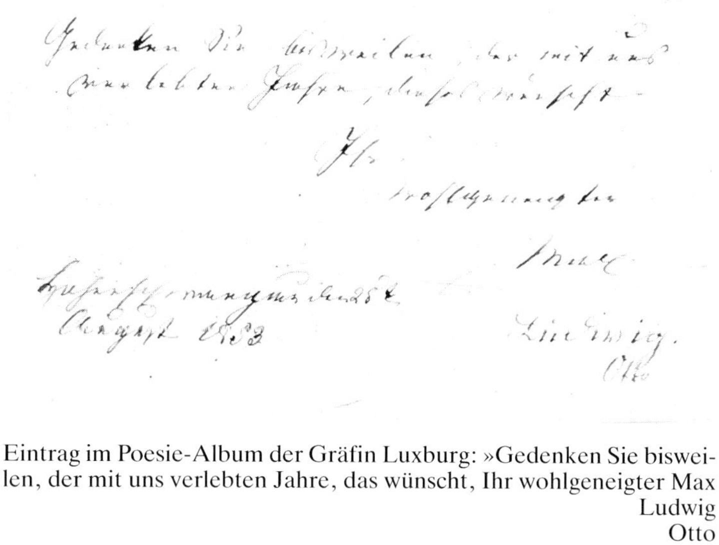

Eintrag im Poesie-Album der Gräfin Luxburg: »Gedenken Sie bisweilen, der mit uns verlebten Jahre, das wünscht, Ihr wohlgeneigter Max
Ludwig
Otto

Hohenschwangau, 25. August 1853«

Karl Begas, Berlin 1842, Prinzessin Marie von Preußen als Braut. Geschenk der späteren Königin an ihre Hofdame Caroline von Luxburg.

Gustav Kraus (1804–1852), Einzug der Marie von Preußen, Kronprinzessin von Bayern, in München, 1842.

Heinrich Schönfeld (1809–1882/83), ▷ Das Innere der Allerheiligenhofkirche in München, 1837. – Die Kirche galt als eine der bedeutendsten Raumschöpfungen des Architekten Leo von Klenze (1784–1864). Hier fand 1842 die Vermählung von Kronprinz Max und »Mariechen« statt.

Erinnerungsteller an Schloß Fischbach und das Schweizer Haus am Fuß der Falkenberge bei Fischbach in Schlesien, dem Sommersitz der prinzlichen Familie. – Hochzeitsgeschenk aus Berlin an die Kronprinzessin Marie, 1842.

Franz Karl Schmedding, Augsburg, Tafelaufsatz bekränzt von Schwänen. – Hochzeitsgeschenk der Stadt Augsburg und des schwäbischen Kreises für das Kronprinzenpaar Maximilian und Marie von Bayern, 1842.

Die Allerheiligen-Kapelle in München.

Engelbert Seibertz (1813–1905), Einführung Alexander von Humboldts in einen Kreis berühmter Männer aus Kunst und Wissenschaft in Bayern, Entwurf zu einem Fresko für das Maximilianeum. – Der Naturforscher wird vorgestellt von den Präsidenten der beiden bayerischen Akademien unter König Maximilian II.: dem Chemiker Justus von Liebig (Akademie der Wissenschaften) und dem Historienmaler Wilhelm von Kaulbach (Akademie der bildenden Künste). Im Halbkreis versammelt: von links der Theologe Ignaz Döllinger, der Nationalökonom Friedrich von Hermann, der Architekt Leo von Klenze, der Optiker Josef von Fraunhofer, der Historiker Lorenz von Westenrieder, der Jurist Johann Georg von Lori, der Philologe Friedrich von Thiersch, der Philosoph Friedrich Wilhelm von Schelling, der Geograph Carl Ritter (als Begleiter Humboldts), der Historiker und Staatsmann Wilhelm von Dönniges und sein Lehrer Leopold von Ranke, der Dichter Emanuel Geibel, der Bildhauer Ludwig von Schwanthaler, der Schriftsteller August Graf von Platen-Hallermünde, der Generalmusikdirektor Franz Lachner (der auch das Festlied zur Grundsteinlegung des Maximilianeums komponierte), der Philosoph Franz Xaver von Baader und der Mineraloge Franz von Kobell.

Engelbert Seibertz (1813–1905), Entwurf zu einem Fresko des von Friedrich Bürklein (1857–1874) für König Maximilian II. erbauten Maximilianeums. –
In der Art von Staffagefiguren, die Vertragswerke in Händen haltend, sind vor der Büste des Königs Maximilian II. von links nach rechts aufgereiht: der bayerische Rechtsgelehrte Kanzler Kreittmayr, im Vordergrund Freiherr von der Pfordten; in der Mitte der französische Außenminister Fürst Talleyrand, der bayerische Minister Graf Montgelas, der preußische Staatskanzler Fürst Hardenberg, der österreichische Staatskanzler Fürst Metternich, im Hintergrund der Diplomat Friedrich von Gentz; ganz rechts die englischen Staatsmänner William Pitt und Robert Walpoe.

◁ Gebrüder Hemmerle, nach 1905. Maximilians-Orden für Wissenschaft und Kunst (Abteilung Wissenschaft). –
König Maximilian II. stiftete am 28. November 1853 – seinem Geburtstag – den Maximilians-Orden für Wissenschaft und Kunst. Der König lehnte sich bei der Stiftung an die 1842 von König Friedrich Wilhelm von Preußen, dem Onkel seiner Gemahlin Marie, gestiftete Friedensklasse des preußischen Ordens Pour le mérite an. Die Verleihung für Gelehrte und Künstler hatte nicht den persönlichen Adel zur Folge, gewährte aber den Rittern das Privileg des Hofzutritts. So wurden die Ordensmitglieder zur königlichen Tafel zugezogen und zu Hoffestlichkeiten eingeladen.

Am 6. Oktober 1857 konnte König Maximilian II. in Anwesenheit sämtlicher Staatsminister, des Regierungspräsidenten, des Rektors der Universität und der Vorstände der Akademie der Wissenschaften, des Maximilianeums und der Pagerie den Grundstein zu dem vom Architekten Friedrich Bürklein konzipierten Bau legen. Zu diesem »Nationalbau« begründete der König das »Athenäum«, eine Stiftung, die seit 1857 Maximilianeum heißt. Nach den Grundbestimmungen für das Kgl. Maximilianeum konnten »26 Jünglinge von hervorragender geistiger Begabung und tadelloser sittlicher Führung« aufgenommen werden. Seit 1980 ermöglicht die »Wittelsbacher Jubiläums-Stiftung« auch zehn begabten Mädchen Bayerns ein Stipendium. Seit 1949 ist das Maximilianeum Sitz des bayerischen Landtags.

August von Voit (1801–1870), Glaspalast, München 1854. – Auf Wunsch König Maximilians II. reiste Oberbaurat Voit nach London, um sich den Crystal Palace der Weltausstellung anzuschauen. In München baute von Voit den »Glaspalast« für die Industrieausstellung 1854. Im Jahr 1931 fiel der Bau einem Großfeuer zum Opfer. (An der Säule der Hoffotograf Franz Hanfstaengl, der mit Selbstauslöser arbeitete.)

Fürstentag in Frankfurt am Main 1863. – In der Bildmitte der österreichische Kaiser Franz Joseph im weißen Waffenrock inmitten der von ihm zu einer Konferenz berufenen deutschen Fürsten. Zu seiner Rechten König Maximilian II. von Bayern, neben diesem, vor den Stufen, König Johann von Sachsen. Auf der anderen Seite der blinde König Georg von Hannover. Auf Anraten Bismarcks war König Wilhelm von Preußen dem Treffen ferngeblieben. Die Konferenz ging ohne greifbares Ergebnis zu Ende. Drei Jahre später beendete der preußisch-österreichische Krieg von 1866 die Existenz des Deutschen Bundes.

Ferdinand Jodl (1805–1882), Schloß Hohenschwangau. – Kronprinz Maximilian erwarb 1832 das ursprünglich Schwanstein genannte Schloß und ließ es durch Domenico Quaglio sowie Daniel Ohlmüller aus- und umbauen. Den Löwenbrunnen auf der Gartenterrasse schuf Ludwig Schwanthaler.
Die Entwürfe für die Ausmalung des Schlosses stammen weitgehend von Moritz von Schwind. Im Schwanenrittersaal wurde in Wandbildern die Sage vom Schwanritter Lohengrin dargestellt; die Entwürfe stammen von Christian Ruben, ausgeführt von Michael Neher und Lorenz Quaglio, die Pferde von Albrecht Adam.
Hohenschwangau wurde zum Lieblingsschloß König Ludwigs II. Dorthin lud er Richard Wagner ein, der vom 11.–18. November 1865 als Gast in den Kronprinzenzimmern wohnte.
Unweit des Schlosses befindet sich die nach der Kronprinzessin Marie benannte Marienbrücke, die am 17. Dezember 1842 eingeweiht wurde.

Schon kurz nach der Hochzeit des Kronprinzenpaares Max und Marie 1842 beauftragte König Ludwig I. den Hofmaler Joseph Stieler, ein Porträt der Kronprinzessin für die Schönheitengalerie zu fertigen. Am 11. Februar 1843 war es vollendet. ▷

Adolph Grotefend, Erbprinz Ludwig im ersten Lebensjahr, 1846.

Unten:
Taufkleid des Erbprinzen Ludwig.

Maria Hacklinger, geb. Tekauschek, einst Amme des Prinzen Otto, aus Mösl am Giglberg im Landkreis Miesbach. Königin Marie übernahm die Patenschaft bei deren erstem Kind Franziska Hacklinger.

»König Ludwig II. der treuen Pflegerin seiner Kinderjahre Freifrau Sybilla v. Leonrod, geb. Meilhaus 1814–1881.« –
Grabdenkmal im Friedhof an der Hermannstraße in Augsburg, renoviert vom Verein der Königstreuen Augsburger und Freunde König Ludwigs II. von Bayern im Jahre 1988.

Erich Correns (1821–1877), Königin Marie mit Söhnchen Otto und König Maximilian II. mit Kronprinz Ludwig auf Schloß Hohenschwangau, 1849.

Foto der beiden Prinzen Otto und Ludwig. Geschenk an die Hofdame Caroline Gräfin von Luxburg.

Johann Halbig (1814–1882), Marmorbüsten des zehnjährigen Kronprinzen Ludwig und des siebenjährigen Prinzen Otto, 1855.

Die Fotografien von H. Holz, München, zeigen die königlichen Brüder Ludwig, damals 15 Jahre, und Otto, 12 Jahre alt, in Zivil, 1860.
Ein Jahr später entstanden die Aufnahmen von Kronprinz Ludwig als Lieutenant im 2. Infanterie-Regiment Kronprinz, dessen Inhaber er war, und von Prinz Otto in der Uniform des Infanterie-Leibregiments, 1861.

Philipp Foltz (1805–1877), Begegnung König Maximilians II. und der Königin Marie auf der Niederstraußberg-Alm auf dem Weg zum Hohen Straußberg (Jagdgesellschaft am Tegelberg).

Kronprinz Ludwig und Prinz Otto in Tracht, 1860.

Schloß Berchtesgaden und die von König Maximilian II. erbaute Villa am Fuß des Fürstensteins bei Berchtesgaden wurden zu einem Lieblingssitz der Wittelsbacher Familien. Die Villa erhielt den Namen »Marienschloß«.

Oscar Gräf, Das Königspaar Maximilian II. und Marie zu Pferd beim Aufstieg auf den Wendelstein. Dies ist eine seltene Darstellung, da vor allem die Königin zusammen mit ihren Kindern fast ausschließlich Fußwanderungen unternahm.

Kronprinzessin Marie, Großmeisterin des von ihr am 18. Juni 1844 gestifteten Alpenrosenordens. Im Hintergrund rechts Schloß Hohen schwangau.

Im sog. Residenzdorf der Königin, in Elbigenalp, befindet sich in der kath. Pfarrkirche im Chorraum ein Glasfenster mit der Darstellung der wohltätigen Königin-Mutter Marie, die 1874 konvertiert war.

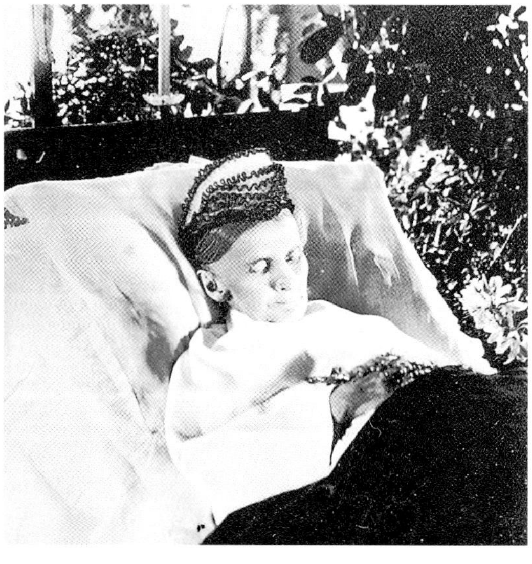

A. Kraus, Königin-Mutter Marie bei einem Besuch verwundeter Soldaten in einem Lazarett, 1866. Drei Jahre später, am 18. Dezember 1869, gründete die Königin zusammen mit ihrem Sohn König Ludwig II. den bayerischen Frauenverein des Roten Kreuzes.

◁ Das offizielle Totenbild der am 17. Mai 1889 auf Schloß Hohenschwangau verstorbenen und im Schwanenrittersaal aufgebahrten Königin-Mutter Marie von Bayern.

In der Theatinerkirche (St. Kajetan) in München ruhen nicht nur König Maximilian II. und Königin Marie, sondern viele weitere Mitglieder des Hauses Wittelsbach; darunter die Kurfürsten Ferdinand Maria und Max Emanuel, das erste bayerische Königspaar Max I. Joseph und Caroline, König Otto von Griechenland und Kronprinz Rupprecht. ▷

Auf dem Altöttinger Kapellenplatz, einst Öttinger Hof genannt, steht auch die Wallfahrskirche St. Maria, die sog. Heilige Kapelle bzw. Gnadenkapelle, die als Beisetzungsort der Herzen der Wittelsbacher bestimmt wurde.

Am 21. September 1889 berichten die bayerischen Zeitungen ausführlich von der Überführung des Herzens der Königin-Mutter Marie nach Altötting, wo es in einer Silberurne, geziert mit einem Kranz von Alpenrosen und Edelweiß sowie den Wappen Preußens und Bayerns, beigesetzt wurde.

KÖNIG LUDWIG II. (1864–1886)

Ludwig Otto Friedrich Wilhelm
* 25. 8. 1845 Schloß Nymphenburg, München
† 13. 6. 1886 im Starnberger See b. Schloß Berg
▭ St.-Michaels-Kirche, München.

KÖNIG OTTO I. (nom. 1886–1913)

Otto Wilhelm Ludwig
* 27. 4. 1848 München
† 11. 10. 1916 Schloß Fürstenried
▭ St.-Michaels-Kirche, München

Kindheit und Jugendjahre

Als der langersehnte Erbprinz am 25. August 1845 im Grünen Salon auf Schloß Nymphenburg am Geburts- und Namenstag seines Großvaters zur Welt kam, zeigte sich sein Vater geradezu überwältigt vor Glück. Ludwigs Mutter Marie, die zwei Jahre zuvor eine Fehlgeburt erlitten hatte, war unendlich dankbar, daß sie nach einem mehr als zwölf Stunden dauernden Geburtsvorgang ihr »Engelchen«, ihr erstes Kind, im Arm halten durfte. »Wolle Gott mir dies Glück erhalten, welches Er mir durch die Liebe meines Mannes und durch den Anblick meines Söhnchens geschenkt ...«, schrieb sie ihrem Pfarrer Siegert nach Fischbach in Schlesien.

Durch 101 Kanonenschüsse erfuhren die Münchener von dem freudigen Ereignis. Schloß Nymphenburg erstrahlte festlich geschmückt und beleuchtet. Am 26. August 1845 wurde der Erbprinz durch Erzbischof Freiherr von Gebsattel im Steineren Saal auf den Namen Otto getauft. König Friedrich Wilhelm IV. von Preußen und Königin Elisabeth waren schon am 25. August zusammen mit Prinz Carl eingetroffen. Adalbert, Maxens jüngster Bruder, hielt die Taufkerze. König Ludwig I. trug den Täufling. Taufpaten waren zwei Könige: Friedrich Wilhelm IV. von Preußen, der Großonkel, und Otto von Griechenland, der Onkel des Kindes. Einige Tage nach der Taufe gelang es dem königlichen Großvater jedoch, die jungen Eltern zu überzeugen, daß ihr Sohn den Namen Ludwig tragen solle, da er doch am Tag des heiligen Ludwig, der zugleich der Geburtstag des Großvaters war, zur Welt gekommen sei.

Ludwigs Bruder Otto wurde am 27. April 1848 im Königsbau der Residenz geboren und dort am 29. April im Thronsaal getauft. Die Taufkerze durften der zweieinhalbjährige nunmehrige Kronprinz Ludwig und dessen dreijähriger Vetter Ludwig, der spätere König Ludwig III., tragen.

Als das Kronprinzenpaar Maximilian und Marie im April 1846 an das Sterbebett von Maries Mutter nach Berlin reiste, erkrankte der Erbprinz schwer. Seine Amme, eine Bauersfrau aus Miesbach, bei der Ludwig bis zu seinem achten Monat gut gedieh, hatte Meningitis bekommen und das Kind mußte deshalb abgestillt werden. Doch am ersten Geburtstag des Prinzen konnte man schon wieder fröhlich feiern: Ludwig hatte wieder zugenommen und schon drei Zähnchen. Erzieherin des Prinzen wurde Sybille Meilhaus, der er zeitlebens eng verbunden blieb. Als Erzieher fungierte Graf Baselett la Rosée.

Aus den vielen erhaltenen Briefen der Königin ergibt sich das Bild einer fröhlichen Familie. Wenn die junge Königin in der Residenz mit ihren Söhnen Fangen spielte, war dies zwar gegen die Hofetikette, die Prinzen aber strahlten vor Freude. Im Winter in der Residenz, im Sommer im Nymphenburger Garten fanden oft »wilde Spiele« statt. Zu den Spielgefährten und -gefährtinnen zählten der Sohn des damals noch bürgerlichen Arztes Gietl ebenso wie Helene von Dönniges, Tochter des Staatsmannes Wilhelm von Dönniges, der am Hof den stärksten Einfluß auf König Maximilian hatte.

Wie Prinz Leopold in seinen Aufzeichnungen überlieferte, versammelte Großmutter Therese bis zu ihrem Tod 1854 regelmäßig an den Sonntagen zwischen zwölf und ein Uhr alle anwesenden Kinder im Wittelsbacher Palais um sich. Bei ihr wurden Bilderbogen mit Wasserfarben koloriert, die sie dann den Kindern abkaufte, um deren bescheidenes Taschengeld aufzubessern. Außerdem besaß Großmutter Therese zwei Papageien, viele kleine Vögel und ein Affenpaar. Da gab es viel zu lachen.

Während der Sommermonate unternahmen die jungen Prinzen vor allem mit ihrer Mutter Bergtouren, oder sie gingen gemeinsam zum Fischen. Die »Bergprinzen« durften mit der Mutter auf die Fischunkel am Obersee zum Edelweißpflücken wandern, sie bestiegen den Säuling und sie schwammen im klaren Wasser des Alpsees. Ludwig beklagte sich einmal »bitter« bei seinem Großvater Ludwig I., daß er seine Mutter nicht auch auf den Untersberg begleiten durfte!

Nachdem für beide Söhne der Hausunterricht begonnen hatte, wünschte der König, daß dieser nicht durch Reisen unterbrochen werden sollte. Der vom König festgelegte Stundenplan mußte peinlich genau eingehalten werden. Religionsunterricht war in allen Altersstufen vorgesehen, dazu kamen Geschichte, Literatur, Mathematik, Geographie und Himmelskunde, klassische und moderne Sprachen, Zeichnen, Turnen, Schwimmen, Reiten und seit 1859 Tanzen und Fechten.

Ludwigs Klavierunterricht endete damit, daß ihn sein wenig verständnisvoller Lehrer als unmusikalisch bezeichnete. Mit 13 Jahren ließ er sich Richard Wagners Kunstschrift »Oper und Drama« (1850/51) schenken. Im Februar 1861 hörte er zusammen mit seinen Eltern und

seinem Großvater zum ersten Mal die Wagner-Oper »Lohengrin«. Der Schwanenritter war Ludwig von der Ausmalung der Burg Hohenschwangau längst vertraut.
1859 wurde Kronprinz Ludwig Oberlieutenant und hatte somit regelmäßig Unterricht in Waffenlehre, seit 1862 in Kriegswissenschaft, im Winter 1861/62 auch eine Wochenstunde Exerzieren. 1863 begann er, an der Münchener Ludwig-Maximilians-Universität Vorlesungen über Geschichte der Philosophie, über Englisch, Französisch und Physik zu hören. Er besuchte auch die Vorlesungen Justus von Liebigs im chemischen Laboratorium.

Mit 18 Jahren auf dem Königsthron

»Der König ist tot – es lebe der König«. So wurde Ludwig, knapp achtzehn Jahre alt, noch am selben Tag, als sein Vater König Maximilian II. starb, öffentlich zum Nachfolger proklamiert. Sein Großvater König Ludwig I. äußerte dazu: ». . . aber armer Ludwig auch! Dessen Jugend hin ist, mit 18 Jahren schon auf den Thron kommt, in welchem Alter er keine Erfahrung haben kann, keine Geschäftskenntnis und das in welcher Zeit! . . .«
Nachdem König Ludwig II. den Eid geleistet hatte, den der Staatsminister der Justiz, Karl Christoph von Mulzer, vorlas, sprach der König:
»Der allmächtige Gott hat meinen teueren vielgeliebten Vater von dieser Erde abberufen. Ich kann nicht aussprechen, welche Gefühle meine Brust durchdringen. Groß ist und schwer die mir gewordene Aufgabe. Ich baue auf Gott, daß er mir Licht und Kraft schicke, sie zu erfüllen. Treu dem Eid, den ich soeben geleistet, und im Geiste unserer durch fast ein halbes Jahrhundert bewährten Verfassung will ich regieren. Meines geliebten Bayernvolkes Wohlfahrt und Deutschlands Größe seien die Zielpunkte meines Strebens. Unterstützen Sie mich alle in meinen inhaltsschweren Pflichten.«
Am 14. März 1864 fanden die Trauerfeierlichkeiten für den verstorbenen König statt. Die Anteilnahme des Volkes war sehr groß. »Der junge bleiche König inmitten des Trauerzugs, neben sich seinen pausbackigen jüngeren Bruder Otto. Ludwigs kummervoller Blick erregte natürlich das Mitleid aller und gewann ihm sofort die Herzen des mit ihm leidtragenden Volkes . . . Der Gesamteindruck seiner Erscheinung ebenso rührend wie hoheitsvoll. Er ist hochgewachsen, aber schmächtig und wird guter Gesundheit und entschlossener Willenskraft bedürfen, das Staatsruder in dieser verhängnisvollen Zeit mit Erfolg zu führen.«

Mit großem Eifer stürzte sich Ludwig in die Regierungsgeschäfte. Er arbeitete gewissenhaft nach einem von ihm selbst festgelegten Tagesablauf. Wie bei seinem Großvater Ludwig I. durfte nichts ohne seine Zustimmung geschehen. Bereits im Jahr seines Regierungsantritts ließ der König den völlig verschuldeten und sich in Stuttgart versteckt haltenden Richard Wagner suchen. Am 4. Mai 1864 empfing er ihn in der Residenz in einer Privataudienz. Die Einladung bedeutete für den Künstler die Rettung aus tiefer Existenznot. Eine »Königsfreundschaft« begann.

Am Sonntag, dem 12. November 1865, ließ Richard Wagner durch zehn Oboisten einer Regimentskapelle von den Türmen des Schlosses Hohenschwangau den Morgengruß aus Lohengrin vortragen. Wagner weilte dort vom 11.–18. November bei König Ludwig II.

Der König enthob den Freund aller finanzieller Sorgen, indem er ihm erhebliche Zuwendungen gewährte, er konnte ihn jedoch nicht gegen die Anfeindungen von Gegnern schützen, die ihm Verschwendungssucht vorwarfen. Als mit Unterstützung einiger Mitglieder der königlichen Familie und der Rücktrittsabsicht des Ministerrats die Abreise Wagners aus München erzwungen worden war, traf dies den König so sehr, daß er sogar Abdankungspläne und Selbstmordgedanken hegte. München war für Wagner trotz allem eine Stätte seines Triumphes. Am 10. Juni 1865 wurde im Nationaltheater die Oper »Tristan und Isolde« uraufgeführt. In der Königsloge erlebten Ludwig II. und Richard Wagner am 21. Juni 1868 gemeinsam die Uraufführung der »Meistersinger von Nürnberg«. Es kam noch zu zwei weiteren Uraufführungen: 1869 »Rheingold« und schließlich 1870 »Walküre«.

Im Mai 1872 erfolgte die Grundsteinlegung für das Festspielhaus in Bayreuth, an dem jedoch schon ein Jahr später die Arbeiten wegen Geldmangels eingestellt werden mußten. Erst als das Vorhaben ganz zu scheitern drohte, gewährte der König ein Bürgschaftsdarlehen von 300 000 Mark. Das letzte Geldgeschenk des Königs an Richard Wagner war die für den Ankauf des Grundstücks und den Bau des Hauses Wahnfried benötigte Summe. Bei der Eröffnung der Festspiele in Bayreuth (13. August 1876) war Ludwig II. zwar nicht anwesend, aber er hatte vorher der Generalprobe zum »Ring« vom 6.–9. August beigewohnt. Am 27. August kam er dann zum dritten »Ring«-Zyklus erneut nach Bayreuth.

Bereits 1866 trat Bayern auf der Seite Österreichs in den Deutschen Krieg ein, in dem es um die Vorherrschaft in Deutschland ging. Der Sieg Preußens hatte nicht nur eine Umgestaltung Deutschlands zur Folge, auch »die Selbständigkeit der noch verbliebenen deutschen Mittel- und Kleinstaaten war zu Ende« (Hartmann). Für Bayern bedeutete dies ebenfalls militärische, außenpolitische und wirtschaftliche Abhängigkeit von Preußen. Otto Fürst von Bismarck, der von Bayern zunächst erhebliche Kriegsentschädigungen verlangte, war schließlich mit der Zahlung einer Jahreseinnahme des Königreichs Bayern einverstanden. In einem geheimen Bündnisvertrag mußte Bayern überdies zugestehen, daß Preußen über die bayerischen Truppen den Oberbefehl erhielt.

Als Konsequenz einer Armeereform nach dem Vorbild Preußens gründete der König am 19. Juni 1867 die bayerische Kriegsakademie, und am 30. Januar 1868 wurde das Wehrgesetz erlassen.

Des Königs Normativ vom 29. September 1866 band die Volksschullehrerausbildung an den Sakramentenempfang, doch die Stellungnahme des Ministeriums Hohenlohe für ein von Ludwig unterstütztes liberaleres Schulgesetz und gegen die bevorstehende Verkündigung der Unfehlbarkeit des Papstes vermehrte das Mißtrauen gegenüber der Kirche. In den Wahlen zur Zweiten Kammer im Mai 1869 ergab sich ein Patt zwischen fortschrittlich-liberalen und patriotischen Kräften. Der König löste die Abgeordnetenkammer auf. Neuwahlen im Oktober 1869 brachten einen politischen Erdrutsch: 80 Mandate für die Patrioten, 63 für die Fortschrittspartei, 6 für die Liberalen und 5 für liberal orientierte »Wilde«. Chlodwig zu Hohenlohe-Schillingsfürst stellte sein Amt zur Verfügung, der König beschloß am 20. Dezember, ihn nicht zu entlassen. Er berief Johann von Lutz (1826–1890) zum Staatsminister des Inneren für Kirchen- und Schulangelegenheiten. Doch die Patrioten stimmten dieser Regierungsbildung nicht zu. In seiner Thronrede vor dem am 17. Januar 1870 feierlich eröffneten Landtag mahnte er zur Versöhnung. Der König ging auch auf die 1866 mit Preußen geschlossenen Bündnisverträge ein: »... Ich weiß, daß manche Gemüther die Sorge erfüllt, es sei die wohlberechtigte Selbständigkeit Bayerns bedroht ... So sehr Ich die Wiederherstellung einer nationalen Verbindung der deutschen Staaten wünsche und hoffe, so werde Ich doch nur (in) eine solche Gestaltung Deutschlands willigen, welche die Selbständigkeit Bayerns nicht gefährdet ... Nur wenn die deutschen Stämme sich nicht selbst aufgeben, sichern sie die Möglichkeit einer gedeihlichen Entwicklung Gesammt-Deutschlands auf dem Boden des Rechts.

Ich hege die zuversichtliche Erwartung, daß Sie mein Bestreben, dem Wohle Meines Volkes im Geiste der neuen Gesetzgebung fortzubauen, kräftig unterstützen werden.«

Doch die beiden Kammern sprachen ihr Mißtrauen gegen das Ministerium aus. Der König fühlte sich »durch die Angriffe der Mehrheitsopposition auf die von ihm bestellten Minister in seinen königlichen Prärogativen angegriffen« (Hüttl). Er lud am 30. Januar 1870 alle Minister und jene zwölf Reichsräte, die gegen die Adresse des Landtags, seine Minister zu entlassen, gestimmt hatten, zu einem Diner ein. Mitgliedern des königlichen Hauses, die dafür gestimmt hatten, erlaubte er vorübergehend, nicht bei Hof zu erscheinen; dazu gehörte auch Prinz Luitpold, der spätere Prinzregent. Am 15. Februar 1870 reichte Hohenlohe-Schillingsfürst seinen Rücktritt ein, da er bei der Abstimmung des Adressentwurfs sowohl am 28. Januar 1870 im Reichsrat als auch am 12. Februar in der Abgeordnetenkammer unterlag. Am 8. März ernannte der König den bayerischen Gesandten in Wien, Otto Graf von Bray-Steinburg (1807–1899), zum Minister des Königlichen Hauses und des Äußeren. Sein Versuch, mit Hilfe des englischen Gesandten in München, Sir Henry Howard, eine Vermittlung Londons im Konflikt zwischen Berlin und Paris herbeizuführen, schlug fehl, nicht zuletzt wegen Bismarcks Umformulierung der »Emser Depesche« vom 13. Juli 1870.

Am 19. Juli 1870 erfolgte die Kriegserklärung Frankreichs an Preußen. Auf die Anfrage des preußischen Gesandten Georg von Werthern vom 14. Juli, auf welche Hilfe Preußen im Kriegsfall aus Bayern hoffen dürfe, konnte in der sofort einberufenen Ministerratssitzung keine Einigung erzielt werden. Nach eingehenden Beratungen mit Bray-Steinburg und dem Kriegsminister Sigmund von Pranckh (1821–1888) ließ König Ludwig II. verlauten, daß Bayern zu seinen Bündnisverpflichtungen stehe. Am 16. Juli ordnete er die Mobilmachung von 55000 Soldaten an, die in die III. preußische Armee eingegliedert werden mußten. Zur Übernahme des Oberbefehls kam der preußische Kronprinz Friedrich Wilhelm nach München. Er wurde vom König zu einer Festvorstellung von Schillers »Wallensteins Lager« ins Hoftheater eingeladen. Als sich beide in der Königsloge zeigten, brach stürmischer, nicht endenwollender Jubel aus. Ernst von Possart berichtete über dieses Ereignis: »Als die beiden märchenhaften Gestalten, der hochgewachsene, hellbärtige, nordische Königssohn mit den leuchtenden Augen und der ihn um Haupteslänge noch überragende, dunkelgelockte Bayernherrscher sich umarmten, toste der Beifall, immer wieder erneuernd, ...«.

Wie zu erwarten war, stießen die deutschen Truppen auf erheblichen Widerstand der Franzosen. Kaiser Napoleon III. wurde allerdings bereits am 2. September 1870 unter Mitwirkung des I. bayerischen Armeekorps unter General Ludwig von der Tann vernichtend geschlagen. Prinz Luitpold war Generalinspekteur der bayerischen Armee, sein Sohn Leopold, Herzog Karl Theodor und, wie schon 1866, auch Ludwigs Bruder Otto, nahmen am Kriegsgeschehen teil.

Am 23. November 1870 wurde in Versailles der Anschluß Bayerns an den Norddeutschen Bund vollzogen. In der Kaiserwahlfrage blieb es König Ludwig II. vorbehalten, im Namen der deutschen Souveräne dem preußischen König Wilhelm I. die Übernahme der erblichen Kaiserwürde anzutragen. Bismarck erarbeitete selbst den Entwurf eines Schreibens, den sog. »Kaiserbrief«, den der bayerische König nur noch unterzeichnen sollte. Als Überbringer fungierte der Oberststallmeister Graf Holnstein. Vom König wurde ein Schritt verlangt, der seiner »absolutistischen Herrschaftsauffassung diametral entgegenstand« (Hüttl). Obwohl Ludwig wußte, daß er fortan kein uneingeschränkter regierender Souverän mehr sein werde, ließen ihm die Umstände keine andere Wahl, sollte Bayern nicht auch noch die ihm zugestandenen Sonderrechte (Oberbefehl über das Militär in Friedenszeiten, aktives und passives Gesandtschaftsrecht, eigene Eisenbahn- und Postverwaltung) verlieren. Er redigierte den Entwurf und trug dem preußischen König die Kaiserkrone an. Am 18. Januar 1871 wurde dann König Wilhelm I. von Preußen im Spiegelsaal des Schlosses von Versailles zum Deutschen Kaiser ausgerufen. König Ludwig II. blieb diesem Ereignis fern; er sandte seinen Vetter Prinz Luitpold als Stellvertreter.

Trotz hitziger Debatten in der bayerischen Abgeordnetenkammer über die Versailler Verträge stimmten am 21. Januar 1871 schließlich 102 Abgeordnete für und 48 gegen sie.

Seine »Bitterkeit über den Verlauf der Dinge« gab der König sehr wohl Bismarck gegenüber zum Ausdruck. Als »Gegenleistung« für seine Mitwirkung bei der Reichsgründung erhielt König Ludwig vom Reichskanzler von 1873 an bis zu seinem Tode erhebliche Geldbeträge aus dem Welfenfonds (»Reptilienfonds«), die vor allem zur Finanzierung seiner Schloßbauten dienten. Ludwig II. widmete sich fortan fast ausschließlich seinen Schlössern Neuschwanstein (1869–1886), Linderhof (1874–1878) und Herrenchiemsee, mit dessen Bau er 1878 begann. Die Schlösser als »geweihte Stätten« sollten nicht vom Volk »entweiht, besudelt« werden.

König Ludwig II. blieb unverheiratet, obwohl der Großvater Ludwig I. festgestellt hatte: »Du bist ein glücklicher Mensch, dir kann kein Weib widerstehen.« Der junge

König wurde tatsächlich von den Frauen umschwärmt und konnte sich oft hysterischer Verehrung kaum erwehren. Besonders angetan war der König von einer ungarischen Schauspielerin namens Lila von Bulyowsky. Als die Zuneigung zu offensichtlich wurde, veranlaßte die Königin-Mutter die Schauspielerin, ihren Kontrakt in München nicht mehr zu verlängern.
Ludwigs »Seelenverwandtschaft« zur österreichischen Kaiserin Elisabeth (Sisi) ist hinlänglich bekannt. Allmählich wuchs Ludwigs Zuneigung auch zu Sophie, Elisabeths Schwester. Sophie verehrte wie er Richard Wagner, und der König nannte sie in Anlehnung an Wagners »Lohengrin«: »Elsa«. Seine Verlobung mit Sophie erfolgte im Januar 1867. König Ludwig I. meinte dazu: »... glücklich, daß er heirathet. Daß Sophie ihn liebt, las ich in ihren auf ihn gerichteten Blicken ... Ob es eine glückliche Ehe geben wird? ...« Die Königin-Mutter Marie vertraute ihrem Schwiegervater an, daß ihr Sohn zwar »nur in Engelsehe mit Sophie zu leben vorhabe«, daß sie aber hoffe, daß sich das schon geben werde. Doch es sollte gar nicht erst zu einer Heirat kommen. Nach mehrmaligem Verschieben des angesetzten Hochzeitstermins wurde die Verlobung »im gegenseiten Einverständnis« aufgelöst.

Tragisches Ende des Königs

Hatte schon ein Jahr nach Regierungsübernahme die häufige Abwesenheit des Königs von München bei Ministern und Diplomaten Unverständnis hervorgerufen, so erregte der immer exzentrischer werdende Lebensstil Ludwigs die Gemüter noch mehr. Er machte die Nacht zum Tag und verkehrte mit seinen Ministern oft nur noch schriftlich. Als der König anfing, auch noch seine Repräsentationspflichten zu vernachlässigen, fand er sich herber Kritik ausgesetzt.
Im Jahr 1885 begannen die Auseinandersetzungen zwischen Prinz Luitpold, den Ministern Lutz und Crailsheim und König Ludwig II. um die königlichen Bauschulden, die auf etwa 14 Millionen angewachsen waren bei einem Jahresbudget von viereinhalb Millionen. Ludwig weihte seine Mutter erst im März 1886 in das Dilemma ein. Sie war sofort bereit, ihren mehrere Millionen Mark wertvollen Schmuck zu verkaufen. Der König lehnte ab, klagte aber seiner Mutter, wie unglücklich er sei. Die Mutter schrieb ihm: »... In München hörte ich sagen, wie man das alles bedauert, wie lieb Dich dort die guten Menschen haben, wie gerne Alle helfen möchten. Dich dort wiederzusehen ... danach sehnen sie sich! Wie leicht abzuhelfen sei ... wenn einige Zeit das Bauen unterbliebe ... Es freut mich zu hören, wie sie Dich im Herzen tragen, ich glaubte es nicht in dem Maße von den Leuten! ...«
Doch des Königs Sturz war bereits vorauszusehen, denn „sein politischer Absentismus allein schon erzwang im Interesse der Monarchie die Einsetzung einer Regentschaft.« (Prinz)
Am 9. Juni 1886 vollzog das Ministerium die Entmündigung des Königs. Grundlage dazu war ein Gutachten, das vier prominente Ärzte unterzeichneten: Gudden, Gras-

»Ein zarter Kuß für den König aus Marmor«. Solche Postkarten wurden gerne nach dem Tod Ludwigs II. verschickt.

hey, Hagen und Hubrich. Obwohl keiner von ihnen den König jemals als Patienten gekannt und untersucht hatte, stand in dem ärztlichen Bulletin unter anderem zu lesen, daß bei Ludwig »das Denken mit der Wirklichkeit in vollem Widerspruche sich befindet ... und Allerhöchstdieselben im Wahn absoluter Machtfülle vereinsamt durch eigene Isolierung – wie ein Blinder ohne Führer am Rande des Abgrundes stehen«. Der König wurde am 11. Juni in Neuschwanstein gefangengenommen und nach Schloß Berg am Starnberger See gebracht. Dort endete das Leben König Ludwigs am 13. Juni 1886. Von einem Spaziergang mit Dr. Gudden war er nicht mehr zurückgekommen. Beide wurden im Starnberger See tot aufgefunden.

Nachfolger auf dem bayerischen Königsthron wäre Ludwigs Bruder Otto gewesen, doch dieser lebte seit 1871 in geistiger Umnachtung und war regierungsunfähig.

Das tragische Ende des noch nicht 41 Jahre alten Königs hat sicherlich dazu beigetragen, daß bis heute von diesem in seiner Regierungszeit heftig umstrittenen, exzentrischen Monarchen eine solche Faszination ausgeht. Er ist wie kein anderer Herrscher im Herzen des bayerischen Volkes lebendig geblieben. Ludwig II. wurde für viele »zum Symbol von einer heilen Welt und einer glücklichen Vergangenheit«, die sie »in diesem Wunderkönig der Märchenschlösser gespiegelt sehen« (Bosl). Und Friedrich Prinz formulierte: »Erst nachträglich gewann sein Leben, das in mehr als einer Hinsicht ein Doppelleben – als wirklicher bayerischer König und als absolutistischer Wunschmonarch – und vielgesichtiger Maskenzug war, etwas wie Eindeutigkeit: in der Legende, im Bild des Märchenkönigs.«

Heinrich Wanderé modellierte die Plastiken der vier bayerischen Könige (v. l. n. r.) Max I. Joseph, Ludwig I., Maximilian II. und Ludwig II. an der Königslaube des Neuen Rathauses in München, dessen Grundsteinlegung am 22. Geburtstag von König Ludwig II. erfolgte.

Ferdinand Piloty (1828–1895), Ludwig II. von Bayern in Generalsuniform mit Krönungsmantel, 1865. – ▷
LUDOVICUS II. BAVARIAE REX MDCCCLXV
Das Gemälde zeigt den zwanzigjährigen König vor dem Thron stehend. Rechts hinter dem König läßt die Draperie den Blick frei auf einen Tisch mit der bayerischen Königskrone auf rotem Samtkissen. Auf der Draperie links oben das Rautenwappen mit Wappenbaldachin und Königskrone.

LUDOVICUS II.
BAVARIAE REX
MDCCCLXV

Das Königspaar Maximilian II. und Marie mit seinen beiden Söhnen Kronprinz Ludwig (geb. 1845) und Prinz Otto (geb. 1848), 1860.

König Ludwig II. mit seiner verwitweten Mutter und seinem Bruder Otto am 25. August 1867.

Seite 127

Oben: Verlobungsfoto König Ludwigs II. und seiner Braut Herzogin Sophie in Bayern (1847–1897) im Januar 1867.

Unten links: Luise von Alençon-Orléans (1869–1952). – Im Oktober 1867 löste König Ludwig II. seine Verlobung mit Herzogin Sophie. Ein Jahr später wurde sie die Gemahlin des Ferdinand von Alençon-Orléans. Ihre Tochter Luise heiratete wieder nach Bayern. Ihr Gemahl wurde Alfons Prinz von Bayern (1862–1933), ein Enkel König Ludwigs I.

Unten rechts: Franz Xaver Winterhalter (1805–1873), Kaiserin Elisabeth, geb. Herzogin in Bayern, Schwester der Herzogin Sophie, der Braut König Ludwigs II., dem sie sehr nahestand.

J. ALBERT K. HOFPHOTOGRAPH IN MÜNCHEN

Susanne Schinkel, Blick von der Hohen Warte auf das Festspielhaus und Bayreuth.

Malwine Schnorr von Carolsfeld als »Isolde« in der Uraufführung der Oper »Tristan und Isolde« von Richard Wagner am 10. Juni 1865 in München. – Die Sängerin war nach dem Tod ihres Mannes an einer Verbindung mit Richard Wagner interessiert. Sie durchschaute dessen Verhältnis zu Cosima von Bülow und denunzierte das Liebespaar beim König.

Carl de Bouché (1845–1920), König Ludwig II. von Bayern, 1868. Glasgemälde im Richard-Wagner-Museum, Bayreuth.

Elisabeth Ney (1833–1907), Cosima von Bülow, geb. Liszt. – Cosima von Bülow (1837–1930), ab 1870 Gemahlin Richard Wagners, und König Ludwig II. unterhielten einen regen Schriftwechsel, bis es zum Eklat um die längst bestehenden intimen Beziehungen zwischen ihr und Richard Wagner kam.

Photographie Richard Wagners (1813–1883). – Geschenk des Komponisten an König Ludwig II. im Jahr 1864 oder 1865. Handschriftliche Widmung Wagners: »So giebst nur Du die Kraft mir, Dir zu danken, / durch königlichen Glauben ohne Wanken / Richard Wagner«.

Die Künstlerin Ney schuf nicht nur eine Büste des Königs, 1869, sondern auch den König als Vollfigur in Georgirittertracht, 1870. Die Marmorausführung stammt von dem Berliner Bildhauer Friedrich Ochs 1883/1886.

Friedrich August von Kaulbach (1850–1920), Die Bildhauerin Elisabeth Ney bei der Arbeit an der Büste des blinden Königs Georg V. von Hannover in ihrem Atelier, das ihr König Ludwig II. in den Odysseesälen der Residenz zusammen mit einer kleinen Wohnung einrichten ließ.

Friedrich Eibner (1825–1877), Prozession mit König Ludwig II. im Dom aus Anlaß der 400-Jahr-Feier der Frauenkirche in München, 1868. ▷

Oben links: Ludwig Samson Arthur Frhr. von und zu der Tann-Rathsamhausen (1815–1881) mit seiner Gemahlin Anna Gräfin Voß. – Der General stand dem Königspaar Maximilian II. und Marie sowie deren Sohn König Ludwig II. sehr nahe. 1866 wurde er Generalstabschef des bayerischen Heeres unter Prinz Karl von Bayern, 1869 General der Infanterie und kommandierender General des 1. Armeekorps in München. 1871 ernannte ihn die Stadt München zum Ehrenbürger und er erhielt die Ehrendoktorwürde der Universität München.

Oben rechts: Kaiser Napoleon III. von Frankreich (1809–1873) und seine Gemahlin Eugénie. – Im Juli 1867 reiste König Ludwig II. nach Paris zum Besuch der Weltausstellung und besichtigte mit Napoleon III. auch das Schloß Pierrefonds nach einem Ausflug nach Compiègne.

Marie Josephine Helene Dönniges (1845–1911), Schauspielerin und Schriftstellerin, genannt »die Schöne Helene von der Amalienstraße«, als kleines Mädchen Spielgefährtin des Prinzen Ludwig. Ihr Vater, der Historiker und Staatsmann Wilhelm Dönniges, wurde wegen der Affären seiner Tochter 1864 entlassen, dann 1868 durch König Ludwig II. zum bayerischen Gesandten in Italien ernannt.

Anläßlich der Jahrhundertfeier der Erhebung Bayerns zum Königreich erschien 1906 die Postkarte, die »König Otto I. von Bayern« zeigt.

Oben links: Prinz Otto (1848–1916) als General, 1873. Prinz Otto nahm an den Kriegen 1866 und 1870 teil. Über die Kaiserproklamation in Versailles schrieb er seinem Bruder König Ludwig II.: »Alles so kalt, so stolz, so glänzend, so prunkend und großtuerisch und herzlos und leer.«

König Ludwig II. (rechts) und Prinz Otto (Mitte) zusammen mit ihrem Lieblingsvetter Prinz Wilhelm von Hessen-Darmstadt (1845–1900).

Herzog von Sachsen-Altenburg
Großherzog von Hessen
König von Württemberg
Großherzog von Sachsen-Weimar
Großherzog von Oldenburg
Großherzog von Mecklenburg-Schwerin
Herzog von Sachsen-Meiningen
Deutscher Kaiser
König von Bayern
Herzog von Braunschweig
Großherzog von Mecklenburg-Strelitz
Herzog von Sachsen-Coburg
König von Sachsen
Großherzog von Baden
Herzog Leopold von Anhalt

Des deutschen Reiches Kaiser, Könige, Großherzöge und Herzöge.

Ludwig Behringer, 1864, König Ludwig II. und sein Generalstab. – Auf dem Bild wird die erste große Truppenparade dargestellt, die König Ludwig II. im September 1864 auf dem Marsfeld, dem späteren Oberwiesenfeld, abnahm. Als Begleitung sind folgende Persönlichkeiten dargestellt (v. l. n. r.): Fürst Taxis, General der Kavallerie, von Laroche, Generaladjutant, von Lutz, Kriegsminister, Herzog Ludwig, Prinz Karl, von Struntz, Prinz Otto – Herzog Karl Theodor, König Otto von Griechenland, Herzog Maximilian, Graf Rechberg, Prinz Adalbert, Prinz Ludwig, der spätere König Ludwig III., Prinz Luitpold, der spätere Prinzregent, Prinz Leopold, Fürst Taxis, von Hohenhausen, Graf Pappenheim, von Spruner, von der Tann.

Louis Braun (1836–1916), Gefecht bei Stürzelbronn am 1. August 1870. Ein bayerischer Cheveauleger rettet einen gestürzten preußischen Husaren vor den Franzosen.

Johann Frhr. von Lutz (1826–1890), 1866/67 Sekretär des Königs Ludwig II., 1869–1890 Staatsminister der Justiz, 1869–1890 Staatsminister des Innern für Kirchen- und Schulangelegenheiten, 1880–1890 Vorsitzender im Ministerrat.

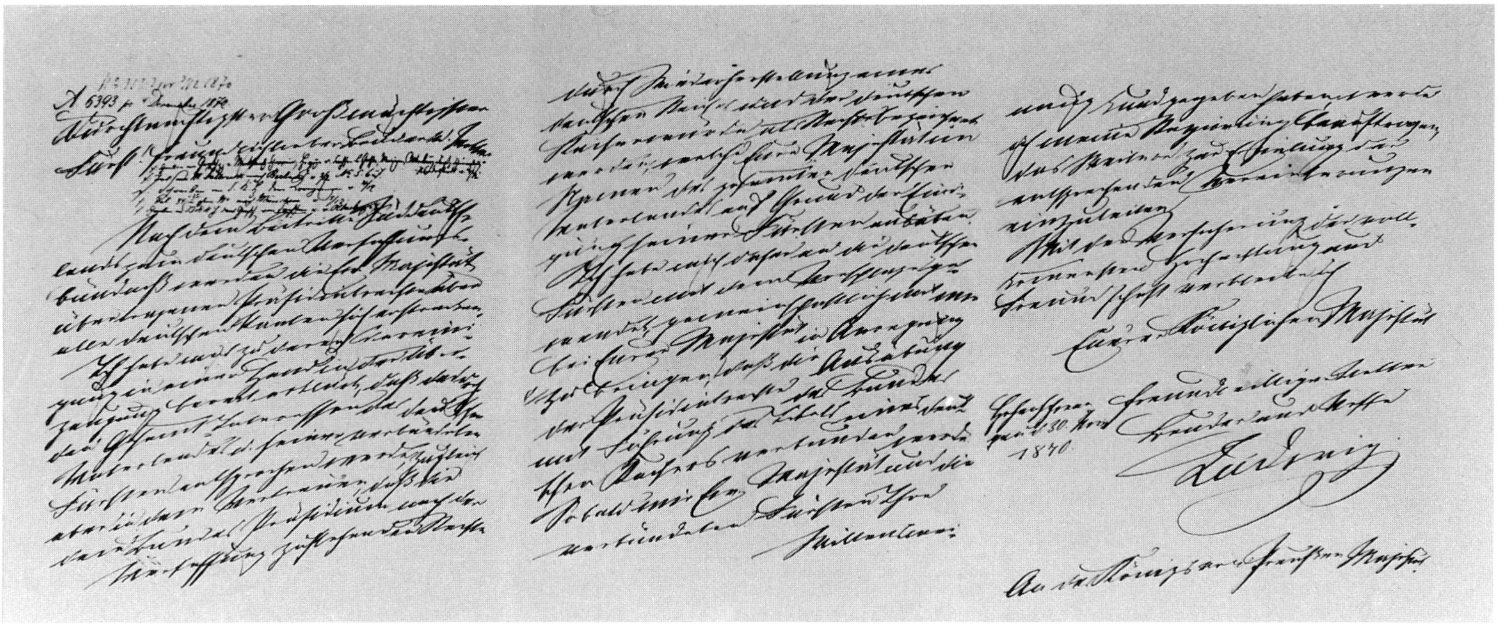

Der Kaiserbrief
Durch den Oberststallmeister Max von Holnstein war König Ludwig II. aus Versailles ein von Bismarck verfaßter Entwurf des »Kaiserbriefes« überbracht worden, in dem Wilhelm von Preußen gebeten wurde, die Kaiserwürde zu übernehmen. Ludwig II. verwendete diesen Text allerdings nicht wortwörtlich für den von ihm dann geschriebenen »Kaiserbrief«, der am 3. Dezember 1870 durch Prinz Luitpold, den späteren Prinzregenten, im Hauptquartier in Versailles überreicht wurde.

Otto von Bismarck (1815–1898) im Gespräch mit dem damaligen Staatsminister des Königlichen Hauses und des Äußern Ludwig von der Pfordten (1811–1880), der 1866 den Friedens- und geheimen Bündnisvertrag mit Preußen unterzeichnete.

Wilhelm I. von Preußen (1797–1888) nahm 1871 die deutsche Kaiserkrone erst »nach langen inbrünstigen Gebeten« an, wie er seiner Frau schrieb.

Siegesparade der heimkehrenden bayerischen Truppen 1871 nach Beendigung des deutsch-französischen Krieges über die Ludwigstraße in München. – Im Hintergrund das Siegestor, links der junge bayerische König Ludwig II., rechts neben ihm der preußische Kronprinz und spätere Kaiser Friedrich III. bei der Abnahme der Parade zu Füßen des Denkmals Ludwigs I. am Odeonsplatz. An der Spitze der bayerische General Ludwig von der Tann.

Joseph Andreas Weiß (1814–1887), Ingolstadt 1870. – Ingolstadt war seit dem 13. Jahrhundert in der Hand der Wittelsbacher; von 1391–1447 Hauptstadt eines bayerischen Teilherzogtums und von 1472–1802 Sitz der Landesuniversität. Die Ansicht der Stadt ist vom Brückenkopf am südlichen Donauufer aufgenommen. Der Brückenkopf der unter Leo von Klenze ausgebauten Festung diente im deutsch-französischen Krieg als Gefangenenlager. Im Vordergrund französische Kriegsgefangene, meist Zuaven.

Josef Watter, Besuch der Zarin Maria Alexandrowna in Schloß Berg am 26. September 1868. – Der König verläßt mit der Zarin den Raddampfer »Tristan«. Die Illumination zeigt die russische Kaiserkrone und Kaiserflagge.

Osterei, hergestellt vom Königl. Hoflieferanten Peter Rath, um 1881, ein Geschenk König Ludwigs II. an seine Mutter Marie. Es enthielt ein Armband mit einem Diamanten. Zeitlebens beschenkte der König seine Mutter äußerst liebevoll, ja, er überhäufte sie zu Festtagen förmlich mit Überraschungen.

Heinrich Breling (1849–1914), Schloß Linderhof im Winter, davor sechsspänniger Galaschlitten König Ludwigs II., 1881.

Prunkschlafzimmer König Ludwigs II. auf Schloß Linderhof.

Johann Nepomuk Hauttmann, Büste der Marie Antoinette, Königin von Frankreich (1755–1793).

Johann Nepomuk Hauttmann (1820 bis 1903), Venusstatue mit zwei Amoretten (Carrara-Marmor), 1877, in dem nach dem Entwurf von G. Dollmann geschaffenen Rundtempel als bekrönender Abschluß des südlichen Terrassengartens. Wenn der König in Schloß Linderhof weilte, so führte ihn sein erster Spaziergang nach dem Aufstehen zu der südlichen Terrassenanlage, wo er die Büste der von ihm so sehr verehrten Marie Antoinette begrüßte und den Rundtempel mit der Venusfigur im Park aufsuchte.

König Ludwig II. ließ die nach seiner Mutter benannte, in Holzbauweise errichtete »Marienbrücke« über der Pöllatschlucht bei Schloß Hohenschwangau 1866 als filigrane Eisenkonstruktion erneuern.

Schloß Herrenchiemsee, Große Spiegelgalerie. – Seit seinem ersten Besuch in Schloß Versailles, 1867, trug sich König Ludwig II. mit dem Gedanken einer Nachbildung dieses Schlosses. 1878 ließ er mit den Bauarbeiten beginnen, 1886 war Schloß Herrenchiemsee vollendet.

»Toilette und Geburt der Venus« im königlichen Bad in Schloß Herrenchiemsee. Fresko von Josef Weißer.

Gabriel Schachinger (1850–1912), König Ludwig II. als Großmeister des Bayer. Haus-Ritterordens vom Hl. Georg – Das Gemälde wurde erst ein Jahr nach dem Tod des Königs vollendet, 1887. ▷

Schloß Neuschwanstein, Thronsaal. – Eine basilikale Anlage mit einer Thronapsis, in der Christus als höchster Gesetzgeber zu sehen ist; ihm zu Füßen Maria und Johannes, darunter sechs heiliggesprochene Könige. Der Thron als »Ausgang autoritativer Gesetzgebung« wurde nach des Königs Tod nicht mehr ausgeführt.

◁ Schloß Neuschwanstein. Im Jahr 1868 beauftragte König Ludwig II. Eduard Riedel mit dem Bau des Schlosses. Er sollte Ludwigs Ideen und die des Hoftheatermalers Christian Jank in die Wirklichkeit umsetzen. Beim Tode des Königs, 1886, war das Schloß noch unvollendet.

Ritter-Bankett

München, den 24. April 1877.

Schildkrötenſuppe.
Kibitzeier, Butter, Caviar, Radischen.
St. Georgs-Spieſse.
Salmen mit holländiſcher Tunke.
Indian mit jungen Gemüſen.
Lendenbraten mit gefüllten Schwämmen.
Würſtchen nach Richelieu mit grünen Bohnen.
Kalbsohren mit Trüffeln.
Seekrebſe mit Kräutertunke.

MAIWEIN.

Schnepfen und Kapaunen, gebraten.
Spargel mit Buttertunke.
Reisſpeiſe mit Ananas.
Verſchiedene Backwerke.
Gefrorenes: Erdbeer, Vanille, Aprikoſen.

Weine:

Sherry.
Château Iquêm.
Heremitage mousseux.
Bourgogne Romané vieux.
Champagne.
Forster Freundſtück Ausbruch 1874er.
Tokayer.

Liqueure:

Cognac.
Anisette.
Chartreuse.

Comp. u. lith. v. Dr. C. Wolf & Sohn, München.

Max Heilmaier, 1913, König Ludwig II. in Hubertusordensrittertracht. – Der Ludwig-Denkmal-Verein in Nürnberg ließ eine schöne Anlage zur Erinnerung an Ludwig II. erschaffen. Das Standbild des Königs wurde im Zweiten Weltkrieg eingeschmolzen. Auf der Balustrade befanden sich zwei Putten mit den Wappen Bayerns und der Stadt Nürnberg, der Stadt, in die König Ludwig II. seine Residenz verlegen wollte.

Friedrich August von Kaulbach (1850–1920), Schützenliesl, 1878. – Vom 24.–31. Juli 1881 fand auf der Theresienwiese das VII. Deutsche Bundesschießen unter der Präsidentschaft Ferdinand von Millers statt. Unter den Wahrzeichen des Festes hat die »Schützenliesl« die weitaus größte Popularität erreicht. Kaulbachs Modell war das Biermadl Coletta Möritz (1860–1953), als Schöne Coletta bekannt. Die Schießscheibe keck auf das Haar gesteckt, hüpft die Schützenliesl schwerelos über das durch die Lüfte rollende Bierfaß. –

◁ Speisenkarte zum Ordensfest der Georgiritter 1877. – Während seiner Regierung nahm König Ludwig II. als Ordensgroßmeister an sieben Ordensritterfesten teil.

Aufbahrung König Ottos I. von Bayern in der Michaelskirche in München, 1916. – Nach dem Tod seines Bruders König Ludwig II. 1886 war Otto der rechtmäßige, allerdings regierungsunfähige König, dessen Geburtstag am 27. April alljährlich mit Gottesdiensten und Beflaggung gefeiert wurde. Über vier Jahrzehnte verbrachte Otto in geistiger Umnachtung, zuletzt in Schloß Fürstenried, wo er am 11. Oktober 1916 starb.

Dr. Johann Bernhard Aloys von Gudden (1824–1886). – Der Psychiater war seit 1873 Professor an der Universität München und Direktor der Anstalt Gabersee. Dr. Gudden hatte bereits beim jungen Prinzen Otto Geisteskrankheit diagnostiziert. Das Gutachten über die Geisteskrankheit König Ludwigs II. erstellte Gudden zusammen mit drei weiteren Ärzten, allerdings, ohne ihn jemals untersucht zu haben. Der Arzt starb mit dem König im Starnberger See.

Die letzte authentische Zeichnung König Ludwigs II. fertigte der Maler Joszi Arpád Koppay in der Nacht vom 16. auf den 17. Juni 1886 an. Sie zeigt den Verstorbenen im offenen Sarg in der Uniform der Hubertusordensritter. In seiner rechten Hand steckt ein Jasminsträußchen, das die damals in Possenhofen weilende Kaiserin Elisabeth von Österreich gesandt hatte.

Die tieftrauernde Königin-Mutter Marie, die ihren geliebten Sohn Ludwig um drei Jahre überlebte, ließ nahe der Unglückstelle am Starnberger See 1887 eine Totenleuchte errichten.

Rupert Stöckl
Rupert Stöckl

PRINZREGENT LUITPOLD (1886–1912) und FAMILIE

Luitpold
* 12. 3. 1821 Würzburg
† 12. 12. 1912 München
▭ Theatinerkirche, München

Auguste Ferdinande
Ehgn. von Österreich, Prn. von Toskana
* 1. 4. 1825 Florenz
⚭ 15. 4. 1844 in Florenz
† 26. 4. 1864 München
▭ Theatinerkirche, München

Die Nachkommen:

Ludwig (1845–1921) s. unter König Ludwig III.

Leopold (1846–1930)
⚭ Gisela, Ehgn. v. Österreich (T Kaiser Franz Joseph I. und der Kaiserin Elisabeth)

Therese (1850–1925)

Arnulf (1852–1907)
⚭ Therese, Prn. v. Liechtenstein

◁ Rupert Stöckl, Ein Traum, 1992.

Prinzregentenzeit

Nach dem Tode Ludwigs II. übernahm Luitpold, drittältester Sohn König Ludwigs I. und Bruder König Maximilians II., für seinen geisteskranken Neffen König Otto die Regierungsgeschäfte. Er war bereits 65 Jahre alt, weitgereist und an Repräsentationsaufgaben gewöhnt. Er sollte ein Symbol werden für die »gute alte Zeit«, in der noch alles seine Ordnung gehabt habe – »zumindest für die, die auf der Sonnenseite des Lebens standen« (Hüttl).

Der politische Alltag der Prinzregentenzeit war geprägt vom »Gegensatz zwischen katholisch-partikularistischen bayerischen Patrioten und reichsbegeisterten fortschrittlichen oder liberalen Deutschnationalen« (Maritta Kraus). Da der Prinzregent sich politisch oft wenig engagiert verhielt, wurden die wichtigen Entscheidungen immer mehr von den Ministerien getroffen. Der mächtigste Mann im bayerischen Staat war laut Möckl der jeweilige Chef der Geheimkanzlei: zunächst Generalleutnant Ignaz Freiherr Freyschlag von Freyenstein (1827–1891), dann Generalleutnant Friedrich von Zoller (1842–1900) und schließlich General d. Art. Peter Freiherr von Wiedenmann (1847–1917). Regierung und Geheimkanzlei waren ständig darauf bedacht, den Regenten volkstümlich zu machen. »In Wirklichkeit hatte diese Taktik zur Folge, daß das Ansehen der Krone bei Bauern und Arbeitern immer mehr sank« (Reiser).

Die Regierung stützte sich auf die seit 1871 in stetigem Abstieg begriffenen Liberalen. Wegen der anhaltenden Wahlerfolge des Zentrums versuchte das Ministerium Crailsheim (seit 1890) den rechten Zentrumsflügel für die Unterstützung seiner Politik zu gewinnen. Es kam zu einem Konflikt um den prokatholischen Kultusminister Robert von Landmann, der 1902 entlassen wurde. Von der liberalen Presse und von liberalen Abgeordneten angegriffen, reagierte die Zentrumspartei mit einem Mißtrauensantrag gegen das Ministerium Crailsheim und strich 100 000 Mark für den Ankauf von Luitpold sehr am Herzen gelegenen Kunstwerken. Auf diese bayerische innenpolitische Angelegenheit reagierte Kaiser Wilhelm II. Er bot dem Prinzregenten in der »Swinemünder Depesche« die Überweisung der gestrichenen Summe an. Darüber waren die bayerischen Volksvertreter natürlich entrüstet. Um eine Verschärfung des Konflikts zu vermeiden, wurde Krafft von Crailsheim 1903 durch Klemens von Podewils-Dürniz, einem besonderen Vertrauten des Prinzregenten, ersetzt.

Das direkte, freie Wahlrecht des Jahres 1906 löste die bisherige Praxis der Wahlmänner ab. 1904 rief der Prinzregent das Ministerium für Verkehr ins Leben, in der bayerischen Armee wurde ein Fliegerbataillon gebildet. Das gesamte Schulwesen von der Volksschule bis zur Technischen Hochschule und der Universität wurde ausgebaut. Unter dem Protektorat des Prinzregenten entstand für männliche Jugendliche der Bayerische Wehrkraftverein. Endlich 1903 genehmigte der Prinzregent das Studium für Frauen an der Universität. Im gleichen Jahr gründete Oskar von Miller den Verein »Deutsches Museum von Meisterwerken der Naturwissenschaft und Technik«; 1906 konnte der Prinzregent bereits das Deutsche Museum einweihen. Rechtzeitig zum 100jährigen Bestehen des Königreichs Bayern wurde auch das neue Armeemuseum am Hofgarten von Oberbaurat Mallinger vollendet.

Die Einwohnerzahl Münchens stieg in der Prinzregentenzeit von 230 000 auf 333 000. Das Städtchen Selb entwickelte sich zum Mittelpunkt der deutschen Porzellanindustrie. In Schweinfurt wuchs die Firma Fichtel und Sachs zu einem Weltunternehmen heran. Ingenieur Karl Linde galt als der Spezialist für Kältemaschinen. Der Nürnberger Johann Schuckert brachte die Elektroindustrie voran, und in Augsburg erfand Rudolf Diesel 1892 den Dieselmotor; bei Krauss & Comp. lief die 3000. Lokomotive vom Band.

Der Prinzregent galt stets als der »Artium Protector« seiner Zeit. Nach neuesten Forschungen zeigt sich, daß ihm dieser Titel insbesondere durch die nie abreißende Anteilnahme am Leben und Wirken vieler Künstler zugesprochen wurde: »Es verging kaum ein Tag, an dem er nicht Münchener Künstler in ihren Ateliers besuchte oder sie zur Tafel lud« (Möckl). Ein fürstlicher Bauherr jedoch wie sein Vater, König Ludwig I., oder sein Neffe, König Ludwig II., war er nicht. Dazu hätten ihm auch die Mittel gefehlt. Es entstanden damals zwar Bauten und städtebauliche Anlagen, die oft seinen Namen tragen, wie das Prinzregententheater, die Prinzregentenstraße und der Luitpoldpark, oder auch das Friedensdenkmal an der Luitpoldbrücke und der Neubau des Nationaltheaters, seiner eigenen Initiative sind diese jedoch nicht zuzuschreiben.

Prinzregenten-Theater.

Amphitheatralischer Zuschauerraum. — Unsichtbares Orchester.

München, Mittwoch, den 21. August 1901.

Eröffnungs-Vorstellung.

Die Meistersinger von Nürnberg.

In drei Aufzügen von Richard Wagner.

Personen:

Hans Sachs, Schuster,	Meistersinger	Herr Feinhals.
Veit Pogner, Goldschmied,	Meistersinger	Herr Klöpfer.
Kunz Vogelgesang, Kürschner,	Meistersinger	Herr Stöger.
Konrad Nachtigall, Spängler,	Meistersinger	Herr Mang.
Sixtus Beckmesser, Schreiber,	Meistersinger	Herr Geis.
Fritz Kothner, Bäcker,	Meistersinger	Herr Fuchs.
Balthasar Zorn, Zinngießer,	Meistersinger	Herr Vogel jun.
Ulrich Eißlinger, Würzkrämer,	Meistersinger	Herr Mayrhofer.
Augustin Moser, Schneider,	Meistersinger	Herr Kellerer.
Hermann Ortel, Seifensieder,	Meistersinger	Herr Th. Mayer
Hans Schwarz, Strumpfwirker,	Meistersinger	Herr Hautmann.
Hans Foltz, Kupferschmied,	Meistersinger	Herr J. Mayer.
Walther von Stoltzing, ein Ritter aus Franken		Herr Knote.
David, Sachsen's Lehrbube		Herr ~~Fritz Schrödter a. G.~~ Hofmüller.
Eva, Pogner's Tochter		Frl. Tordek a. G.
Magdalena, Eva's Amme		Frau Gisela Staudigl a. G.
Ein Nachtwächter		Herr Schlosser.

Bürger und Frauen aller Zünfte, Gesellen, Lehrbuben, Mädchen, Volk.

Nürnberg. — Um die Mitte des sechzehnten Jahrhunderts.

Musikalische Leitung: Hr. Hofkapellmeister Herman Zumpe.

Leiter der Aufführung: Hr. Ober-Regisseur Anton Fuchs.

Dekorationswesen, Maschinerie und Beleuchtung: Hr. Maschineriedirektor Karl Lautenschläger.

Kostüme und Requisiten: Hr. Prof. Josef Flüggen.

Oberleitung der Regie: Hr. Intendant von Possart.

Dekorationswesen, Maschinerie und Beleuchtung nach Angabe des K. Maschinerie-Direktors Herrn Karl Lautenschläger.

Costüme und Requisiten nach Angabe des K. Professors Herrn Josef Flüggen.

Neue Dekorationen

I. Akt: **Das Innere der Katharinenkirche in Nürnberg**, ausgeführt im Atelier des Herrn Mettenleiter in München.
II. Akt: **Straße von Nürnberg**, ausgeführt von Herrn Professor Brückner in Coburg.
III. Akt: a) **Hans Sachsens Werkstatt**, gemalt von Herrn Professor Brückner in Coburg.
b) **Festwiese** mit dem Ausblick auf Nürnberg, entworfen und ausgeführt vom Hoftheatermaler Herr Frahm.

Nach dem ersten und zweiten Aufzuge finden Pausen von je 30 Minuten statt.

Textbücher sind zu 80 Pfg., scenischer Führer durch Richard Wagner's Werke zu 1 Mark an der Kasse zu haben.

Eintritts-Karte 20 Mark.

Verkauf der Eintrittskarten:
An der K. Hoftheater-Tageskasse (Eingang Maximilianstraße) Vormittags von 9–1 Uhr
im kgl. alten Akademiegebäude (Neuhauserstr. 51, Parterre links) (Telefon 6027) von 8 Uhr Morgens bis 4 Uhr Nachmittags,
~~in der Papierhandlung W. u. C. Seyfferth~~, Amalienstr. ~~17 (Telefon 3332)~~ von 8 Uhr Morgens ~~bis ½4 Uhr Nachmittags~~
an der Tageskasse der K. Hof-Theater
und von ½5 Uhr ab im Prinzregenten-Theater.

Die Kasse wird um **halb fünf** Uhr geöffnet.

Anfang um **5** Uhr. Ende nach **10** Uhr.

Spielplan vom 23. mit 25. August.

Freitag, den 23.: **Tristan und Isolde** von Richard Wagner. — Sonntag, den 25.: **Die Meistersinger von Nürnberg.**

Der Theaterzettel kostet 5 Pfg. und ist in der G. Franz'schen Hofbuchhandlung, Perusastraße 4, und in der k. Hofbuchdruckerei Kastner & Lossen, Finkenstr. 2, Eingang Wittelsbacherplatz zu haben; in letzterer werden täglich Abonnements auf die Theaterzettel entgegengenommen.

In der Prinzregentenzeit stand die bayerische Landeshauptstadt in einer Epoche kultureller und wissenschaftlicher Blüte. Thomas Mann schrieb: »Die Kunst blüht, die Kunst ist an der Herrschaft. Die Kunst streckt ihr rosenumwundenes Szepter über die Stadt hin und lächelt ... München leuchtete.« Diese leuchtende Epoche ist die Zeit der Maler und Architekten Lenbach und Kaulbach, Leibl und Uhde, Weisgerber und Stuck, der Slevogt, Thiersch und Hildebrandt, Marc, Kandinsky, Jawlensky, Werefkin und Münter. Das Musikleben der Stadt bestimmten Richard Strauß und Max Reger. Der Schriftsteller Ludwig Thoma gehörte dieser Zeit ebenso an wie Lena Christ und Ludwig Ganghofer. Für Thomas Mann, Stefan George und Rainer Maria Rilke war München eine bedeutende Station ihres Schaffens.
Schwabing entwickelte sich zum Künstler- und Literatentreff schlechthin. Hier versammelte sich alles, was Rang und Namen hatte. Kathi Kobus eröffnete 1903 die Künstlerkneipe »Simpl«, wo neben anderen Joachim Ringelnatz auftrat. Schwabinger wurde auch »Roda Roda«, Mitarbeiter des »Simplicissimus«, der in seinem Werk »Schwabylon oder der sturmfreie Junggeselle« das Treiben der Literaten und Künstler ironisch skizzierte (Weber).

Der verwitwete Regent und seine Kinder

König Ludwig I. wünschte seinen Sohn Luitpold zum Soldaten »zu bilden, aber auch, daß er Herrscher sein kann ... Gottes Fügung kennt niemand; auch mein Vater wurde, ein Nachgeborener, König!«
Als Zwanzigjähriger reiste Luitpold durch alle bedeutenden Städte Italiens. In Neapel lernte er die 16jährige Prinzessin Auguste Ferdinande kennen und lieben, eine Tochter Leopolds II., Großherzog von Toskana und Erzherzog von Österreich, und dessen Gemahlin Marie Anna von Sachsen (1797–1870).
Die feierliche Eheschließung von Luitpold und Auguste fand am 15. April 1844 im Dom zu Florenz statt. Dem Ehebund war eine schwere Entscheidung vorausgegangen. Da sein Bruder Otto von Griechenland kinderlos geblieben war, galt Luitpold als nächster Agnat für den griechischen Thron. Obwohl die griechische Verfassung von 1844 dem zukünftigen König ein griechisch-orthodoxes Glaubensbekenntnis nahelegte, entschlossen sich Luitpold und seine Gemahlin dazu, ihre Kinder katholisch zu erziehen. Vier Kinder wurden dem Ehepaar geboren: Ludwig (1845–1921), der spätere König Ludwig III., Leopold (1846–1930), Therese (1850–1925) und Arnulf (1852–1907).
Am 10. März 1864 starb Luitpolds ältester Bruder König Maximilian II., knapp einen Monat später seine Schwester Hildegard und kurz darauf, am 26. April, seine über alles geliebte Frau Auguste Ferdinande. Schon seit ihrer Jugendzeit hatte sie an einer Lungenkrankheit gelitten.
In seinen Lebenserinnerungen schildert Leopold seine

39 38 32 40 35 34 31 10 37 36 12 13 7 11 5 6 42 43 48 45 44 49 20 21 46 47 50 41 51

29 30 33 28 14 15 16 4 17 8 9 8a 8b 3 2 1 24 19 22 23 18 26 27 25 52

Das bayerische Königshaus.

1. Prinzregent Luitpold. 2. Herzogin Adelaunde von Modena. 3. 4. Prinz und Prinzessin Ludwig. 5. 6. Prinz und Prinzessin Rupprecht. 7. Prinzessin Adelgunde. 8. 9. Erbprinz Ferdinand von Bourbon mit Gemahlin und 2 Kindern. 10. Prinz Karl. 11. Prinz Franz. 12. 13. Prinz und Prinzessin Ludwig von Koburg. 14. Prinzessin Hildegarde. 15. Prinzessin Wiltrud. 16. Prinzessin Helmtrudis. 17. Prinzessin Gundelinde. 18. 19. Prinz und Prinzessin Leopold. 20. 21. Erzherzog Joseph August mit Gemahlin Prinzessin Auguste. 22. Prinz Georg. 23. Prinz Konrad. 24 Prinzessin Therese. 25. 26. Prinz und Prinzessin Arnulph. 27. Prinz Heinrich. 28. Prinzessin Amalie. 29. 30. Prinz und Prinzessin Ludwig Ferdinand. 31. Prinz Ferdinand. 32. Prinz Adalbert. 33. Prinzessin Maria del Pilar. 34. 35. Prinz und Prinzessin Alphons. 36. 37. Herzog Thomas von Genua und Gemahlin. 38. 39. Graf von Wrbna und Gemahlin Prinzessin Elvira. 40. Prinzessin Klara. 41. Herzog Ludwig. 42 43. Herzog und Herzogin Karl Theodor. 44. 45. Graf zu Törring-Jettenbach und Gemahlin Herzogin Sophia. 46. 47. Prinz und Prinzessin Albert von Belgien. 48. Herzog Ludwig Wilhelm. 49. Herzog Franz Joseph. 50. Herzog Siegfried. 51. Herzog Christoph. 52. Herzog Luitpold.

Mutter als »stets heiter mit den Kindern . . ., rügte aber jede Unart auf das strengste, trotz, oder vielleicht gerade wegen ihrer Liebe. Ihr Gerechtigkeitssinn war über jeden Zweifel erhaben. Wenn es bei ihrem lebhaften Temperamente ausnahmsweise vorkam, daß sie irgendjemandem, und sei es ihrem letzten Diener, unrecht getan hatte, so unterließ sie es niemals, sich persönlich zu entschuldigen. Sooft es sich machen ließ, nahm sie ihre Kinder bei ihren Spazierfahrten mit, und erging sich mit uns in der Umgebung der Stadt«. (Körner)

Prinzessin Therese, die einzige Tochter des Prinzregenten, blieb unverheiratet. Ihre große Zuneigung galt ihrem Vetter Prinz Otto, dem sie auch nach dem Ausbruch der Geisteskrankheit verbunden blieb und den sie in Fürstenried oft zusammen mit der Königin-Mutter besuchte. Als es darum ging, daß ihr Vater Luitpold abdanken und ihr Bruder König werden sollte, gehörte sie zu denen, die Kritik daran übten, daß man nicht erst den Tod Ottos abgewartet habe.

Therese, die ein großes Sprachtalent besaß, zeigte schon als junge Frau Interesse an fremden Ländern und Völkern. Sie unternahm zahlreiche Reisen durch Europa, den Vorderen Orient und durch Nord- und Südamerika. Ihre Reiseberichte sind äußerst interessante Zeitdokumente. Sie publizierte u. a.: »Reiseeindrücke und Skizzen aus Rußland 1885«, »Über den Polarkreis 1889«, »Meine Reisen in den brasilianischen Tropen 1897« und »Reisestudien aus dem westlichen Südamerika 1908«. Sie ist die Herausgeberin der von ihr redigierten Reiseerinnerungen ihres früh verstorbenen Bruders »Des Prinzen Arnulf von Bayern Jagd-Expedition in den Tian-Schan« 1910.

Wegen ihrer wissenschaftlichen Verdienste wurde Therese Ehrenmitglied der Bayerischen Akademie der Wissenschaften, des Vereins für Naturkunde in München und der geographischen Gesellschaften in München, Wien und Lissabon. Die Universität München verlieh ihr die Ehrendoktorwürde. Neben den Veröffentlichungen in Fachzeitschriften verfaßte die Prinzessin Beiträge für die von Isabella Braun herausgegebenen »Jugendblätter für christliche Unterhaltung und Belehrung« sowie für Volksschullesebücher.

Therese wurde den katholisch-konservativen Hofkreisen zugerechnet; sie besaß erheblichen Einfluß, wenn es um die Personalpolitik in hohen Kirchenämtern ging. Sie lebte in der Villa Amsee bei Lindau, war sehr wohltätig und galt als die geliebte Tante in der königlichen Familie, zu der man sich mit jedem Kummer flüchten konnte.

Nach 1918 vermachte die Prinzessin testamentarisch ihre gesamten natur- und völkerkundlichen Sammlungen dem Botanischen Museum, der Münzsammlung und dem Museum für Völkerkunde in München.

Auch die Söhne des Prinzregenten, Leopold und Arnulf, besaßen eine besondere Vorliebe für das Reisen. Eine der wagemutigsten Expeditionen, die die beiden Brüder gemeinsam unternahmen, führte sie 1872 nach Island. Kurz darauf bereisten sie Ägypten, wo eine Nilfahrt sich an einen Kamelritt zum Sinai anschloß. Mehrmals begleitete Leopold auch seinen Schwager, den österreichischen Kronprinzen Rudolf, auf dessen ornithologischen Reisen, so beispielsweise 1879 nach Spanien. Gemeinsam war beiden Brüdern auch, daß sie die militärische Laufbahn einschlugen. Leopold beendete diese im Rang eines bayerischen und preußischen Generalfeldmarschalls, Arnulf als Königlich-bayerischer Generaloberst mit dem Rang eines Generalfeldmarschalls.

1873 hatte Leopold Erzherzogin Gisela, Tochter des österreichischen Kaiserpaares Franz Joseph I. und Elisabeth (Sisi), geheiratet, mit der er vier Kinder hatte. Arnulf ehelichte 1882 in Wien Therese, Prinzessin zu Liechtenstein. Ihr einziges Kind, Sohn Heinrich, geboren 1884, fiel 32jährig während des Ersten Weltkrieges in Rumänien.

Der Prinzregent hatte, wie gesagt, seine Regentschaft 1886 mit einer schweren Hypothek angetreten. Die Umstände der Entmündigung des Königs Ludwig II. ließen Luitpold wenig integer erscheinen. Das Volk liebte auch immer noch den exzentrischen König Ludwig II. und lastete dem Prinzregenten an, diesen in den Tod getrieben zu haben. Zu einigen Peinlichkeiten führte die Tatsache, daß Elisabeth, Kaiserin von Österreich, von nun an den bayerischen Prinzregenten nicht mehr sehen wollte, dabei war er doch der Schwiegervater ihrer mit Prinz Leopold vermählten Tochter Gisela. Die Kaiserin verfaßte ein bitterböses Gedicht über den Prinzregenten:

Der Prinzregent

Seht den heuchlerischen Alten!
Drückt ihn sein Gewissen nicht?
Thut so fromm die Hände falten,
Sauersüss ist sein Gesicht.

Wie sein langer Bocksbart wackelt!
Falsch're Augen sah man nie;
Ist sein Hirn auch ganz vernagelt,
Steckt es doch voll Perfidie.

Seinen Neffen, seinen König
Stiess der tückisch von dem Thron;
Doch dies ist ihm noch zu wenig,
Säh' sich dort gern selber schon.

Könnt ihr auch noch dies ertragen
Bayerns Volk, dann seid ihr's werth,
Dass, am Pranger angeschlagen,
Ihr in Ewigkeit entehrt!

Eh' sie ihn zum König salben,
Stürzt mit donnerndem Gekrach
Wenigstens ihr, stolze Alpen,
Tötend über Bayerns Schmach!

Bis ins hohe Alter besuchte der Prinzregent regelmäßig alle Landesteile. In Bayern und der Pfalz erinnern unzählige Gedenktafeln, Brunnen und Denkmäler an ihn. Die große Leidenschaft des Prinzregenten Luitpold aber galt

der Jagd. Während er bei Hofe an einem strengen Zeremoniell festhielt, ging er auf die Jagd und zum Bergsteigen in kurzer Lederhose.
Prinzregent Luitpold, der gläubige Katholik, nahm die von seinem Neffen König Ludwig II. vernachlässigte Fußwaschung am Gründonnerstag wieder auf. Bei der Fronleichnamsprozession schritt er hinter dem Allerheiligsten einher mit »a Kerzn in de Händ«. In dem sehr populären »Umgangslied« heißt die Strophe über den Prinzregenten:

Und dann kommt der Prinzregent,
Sakrament, der Prinzregent
Tragt a Kerzn in de Händ,
de wo schon nimmer brennt.

Am 12. Dezember 1912 frühmorgens starb Prinzregent Luitpold 91jährig an Altersschwäche. Sein Sohn Leopold schrieb dazu in seinen Lebenserinnerungen: *»Eine ganze Periode bayerischer und deutscher Geschichte hatte ihren Abschluß gefunden, und auch für mich, der ich bereits im fortgeschrittenen Alter stand, war ein großer Abschnitt meines Lebens vorbei. Mein lieber Vater, der mir stets in Liebe und Güte zugetan war, war nicht mehr.«* (Körner)

Postkarte »Königreich Bayern« von Julius Diez, herausgegeben anläßlich des 90. Geburtstages von Prinzregent Luitpold.

Albrecht Adam (1786–1862), Prinz Luitpold von Bayern als Hauptmann des königlich bayerischen 1. Feldartillerieregiments, 1841. ▷

◁ Familie Prinzregent Luitpold. –
V. l. Prinz Leopold (1846–1930), Prinz Luitpold, der spätere Prinzregent, Prinz Ludwig, der spätere König Ludwig III. (1845–1921), Prinzessin Auguste Ferdinande, Erzherzogin von Österreich, Prinzessin von Toskana (1825–1864), Prinzessin Therese (1850–1925) und Prinz Arnulf (1852–1907).

Georg Goldberg (1830–1894), Vermählung von Prinz Luitpold von Bayern mit Auguste Ferdinande Erzherzogin von Österreich, Prinzessin von Toskana am 15. April 1844. Die Trauung fand im Dom zu Florenz statt.

Tanzschmuck »Chacána« aus Aymara, La Paz, Bolivien. – Die Aymara tragen nach Angaben der Prinzessin Therese bei ihren Tanzfesten auch Chacanas, »Schulterbehänge aus aneinandergereihten, mit Federmosaik beklebten, kurzen Schilfrohrstäbchen, welche auf rotem Grund Abbildungen von strahlenden Sonnenantlitzen, Löwen und Krokodilen tragen.«

Privatsammlung der Prinzessin Therese (um 1920), die sie dem Völkerkundemuseum in München vermachte.

Wilhelm von Rümann (1850–1906), Büste der Prinzessin Therese von Bayern (1850–1925). – Prinzessin Therese war die einzige Tochter des Prinzregentenpaares neben drei Söhnen. Am 12. November 1850 geboren, ein »liebliches, hübsches, freundliches Kind«, erhielt sie den Namen der Großmutter Therese. Schon früh zeigte sie naturwissenschaftliche Begabungen und großes Sprachtalent. Sie unternahm zahlreiche Reisen durch Europa, den Vorderen Orient und Nord- und Südamerika. Ihre Reiseberichte publizierte sie. Die Universität München verlieh ihr die Ehrendoktorwürde. Sie wurde u. a. Ehrenmitglied der Bayerischen Akademie der Wissenschaften.
Prinzessin Therese blieb unverheiratet. Sie hing mit großer Zärtlichkeit an ihrem Vetter Otto, dem Bruder König Ludwigs II.

Leopold Prinz von Bayern (1846–1930), Generalfeldmarschall (oben), der zweitälteste Sohn des Prinzregenten, war verheiratet mit Gisela (1856–1932), Erzherzogin von Österreich (unten), Tochter des Kaiserpaares Franz Joseph und Elisabeth (Sisi) von Österreich.

Prinz Luitpold von Bayern (2. v. r.) in Versailles 1871 mit seiner Suite. Zu seiner Rechten: Hauptmann Max Graf von Berchem, Carl Freiherr von Limpöck; zu seiner Linken: Hauptmann Ignaz Freyschlag von Freyenstein.

Das 2. Bayerische Korps zur Kaiserproklamation in Versailles 1871.

Franz von Matsch (1861–1942), Die Huldigung der deutschen Bundesfürsten anläßlich des 60. Regierungsjubiläums Kaiser Franz Josephs im Marie-Antoinette-Zimmer des Schlosses Schönbrunn, 7. Mai 1908. –
V. l.: Friedrich II., Großherzog von Baden; Fürst Leopold IV. zur Lippe; Friedrich August III., König von Sachsen; Wilhelm Ernst, Großherzog von Sachsen-Weimar; Luitpold, Prinzregent von Bayern; Kaiser Wilhelm II.; Friedrich II., Herzog von Anhalt; Wilhelm II., König von Württemberg; Friedrich August, Großherzog von Oldenburg; Friedrich Franz IV., Großherzog von Mecklenburg-Schwerin; Georg Fürst zu Schaumburg-Lippe; Dr. Burchard, Bürgermeister von Hamburg.

Franz Seraph von Lenbach (1836–1904), Selbstbildnis mit Frau und den Töchtern, 1903. –
Am 6. Mai 1904 wurde in München der »Malerfürst« Franz von Lenbach unter großer Prachtentfaltung zu Grabe getragen. Lenbach, 1836 in Schrobenhausen geboren, gilt als einer der bedeutendsten Porträtisten der Zeit, in der »Die Kunst blüht, ... und München leuchtete«. Im Jahr 1889 war das unter Gabriel von Seidl erbaute Lenbach-Haus in München fertiggestellt, das geeignete Ambiente für Lenbachs Hofhaltung. Der Künstler vermählte sich 1887 mit Lena Gräfin Moltke, von der er sich am 13. Juli 1896 wieder scheiden ließ. Er schloß eine zweite Ehe mit Charlotte, gen. Lolo, Freiin von Hornstein. – Sie gebar dem Maler am 25. April 1899 eine dritte Tochter, Gabriele. Von den beiden Töchtern aus erster Ehe war die vierjährige Marion bei der Scheidung dem Vater zugesprochen worden, während die damals gerade einjährige Tochter Erika bei ihrer Mutter verblieb. Somit hat sich der Künstler mit seiner Frau Lolo und den beiden Töchtern Marion und Gabriele verewigt.

Das Prinzregententheater
Um 1890 gab es in München vier Theater: das königliche Hoftheater, das Residenztheater, das Gärtnerplatztheater und das Volkstheater. 1896 wurde das Deutsche Theater fertiggestellt, gefolgt vom Münchner Schauspielhaus, und 1901 erfolgte die Einweihung des von Max Littmann (1862–1931) nach Bayreuther Vorbild entworfenen Prinzregententheaters. Hinter der neuklassizistischen Fassade verbirgt sich ein amphitheatralisch gestaffelter Zuschauerraum.
Die Eröffnungsvorstellung war die Oper »Meistersinger« von Richard Wagner, eine Aufführung mit großer Besetzung, die zugleich der Anfang der Tradition der Münchner Opernfestspiele wurde. Die schillerndste Persönlichkeit der Theater- und Musikwelt in München war der Schauspieler, Regisseur und Intendant Ernst Ritter von Possart (1841–1921). Ab 1895 war er Generalintendant der Königlichen Hofbühnen.

Plakat zur Richard Strauß-Woche München 23.–28. Juni 1910, entworfen von Ludwig Hohlwein.

Herrschaftsbedienstete
Dienstmädchen – Köchinnen
Zimmermädchen usw.

Obacht! Obacht!

Sonntag, den 3. März 1907 nachmittags 3 Uhr
im großen Saale des Katholischen Gesellschaftshauses, Brunnstr. Nr. 7
und Wittelsbachergarten, Theresienstr. Nr. 38

2 große
öffentliche Versammlungen

Tagesordnung:
Warum sind die Dienstboten nicht dem Krankenversicherungsgesetze unterstellt?

Referenten:
Herr Verbandssekretär Weixler und Herr Redakteur Wolf.

Der Einberufer:
Zentralverein der männl. und weibl. Herrschaftsbediensteten Deutschlands
(Ortsgruppe München) Mitglied des Gesamtverbandes christl. Gewerkschaften
J. A.: J. Wolf.

Herrschaftsbedienstete! Dienstmädchen!

Fünfundzwanzig Jahre sind es, seit die kaiserliche Botschaft „Schutz den Schwachen“ verkündete. Seitdem sind eine ganze Reihe von Arbeiterschutz- und Versicherungsgesetzen erlassen worden. Fünf Milliarden Mark sind der deutschen Arbeiterschaft durch diese Gesetze zugeflossen. Viele Wunden wurden geheilt, Tränen getrocknet. Aber der Dienstbotenstand mit seinen 1,300,000 Standesangehörigen ist leer ausgegangen. Wir verlangen für den Dienstbotenstand dieselbe Fürsorge, wie sie die gewerblichen Arbeiter und Arbeiterinnen genießen.

Erscheint massenhaft in den Versammlungen; eine Petition an den Reichstag um Einbeziehung der Dienstboten in das Krankenversicherungsgesetz liegt zur Unterschrift auf.

Plakat: Öffentliche Versammlung für Herrschaftsbedienstete, Dienstmädchen, Köchinnen usw. am 3. März 1907.

Plakat: Deutscher Metallarbeiter Verband
Der Deutsche Metallarbeiter-Verband war mit über 4000 Mitgliedern die mit Abstand stärkste Gewerkschaft in München. Betriebe wie Krauss, Maffei und Rathgeber, die alle Eisenbahnausrüstungen produzierten, hatten jeweils über 1000 Beschäftigte.

Der Reichstagsabgeordnete Georg Heim. – Selbst aus einfachen Verhältnissen stammend, wurde Georg Heim (1865–1938) als »Bauerndoktor« zu einem der populärsten Vertreter bäuerlicher Interessen innerhalb der Zentrumspartei. Er war eines der Gründungsmitglieder des Bayerischen Christlichen Bauernvereins (1898) und baute seit 1899 mit der Regensburger Zentralgenossenschaft des Bayerischen Bauernvereins für Ein- und Verkauf ein hervorragend funktionierendes Wirtschaftsunternehmen auf. Obgleich Heims politischer Weg zu einer Annäherung von Zentrum und Sozialdemokraten führte, wurde er vom adelig-hochklerikalen Flügel seiner Partei stark angegriffen.

Franz Roubaud (1856–1928), Prinzregent Luitpold am Chiemsee. – Der Prinzregent ist dargestellt im Gespräch mit seiner Schwester Adelgunde (1823–1914) (»Duni«), Herzogin von Modena, Gemahlin des 1875 verstorbenen Herzog Franz V. von Modena-Este. Adelgunde brachte 1848 eine Tochter, Anna Beatrix, zur Welt, die nur wenige Monate lebte.
Adelgunde lebte als Witwe abwechselnd im Palais Modena in Wien, in der Münchner Residenz und in ihrem Schloß Wildenwart im Chiemgau. Als ihr Bruder Luitpold 1886 die Regentschaft übernahm, nahm sie gesellschaftliche Verpflichtungen an dessen Seite wahr. »Tante Modena« und »Poldi« wurden ein unzertrennliches Geschwisterpaar. Adelgunde verkörperte den Einfluß des Wiener Hofes in München; sie und Prinzessin Therese, ihre Nichte, galten als die wichtigen Personen der konservativ-kirchlichen Hofpartei.

Postkarte: Prinzregent Luitpold und seine Schwestern, 1910.

Fußwaschung in Anwesenheit des Prinzregenten am 7. April 1887 im Herkulessaal. – Prinzregent Luitpold, umgeben von Familienmitgliedern, dem Hofstaat, Pagen und Geistlichen, hält die Kanne mit dem Wasser zur Fußwaschung am Gründonnerstag.

Richard B. Adam, Pürschl, ein Lieblingshund des Prinzregenten.

◁ Leonhard Thoma (1864–1892), Mutter Anna. Hochaltarbild der Basilika in Altötting, 1916. – Die hl. Anna lehrt die kleine Maria beten. Stifter des Gemäldes war der links außen dargestellte Prinzregent Luitpold von Bayern; neben ihm sein Enkel Luitpold. Rechts Vertreter des bayerischen Kriegsheeres; im Vordergrund Papst Pius X.

◁◁ Adolf von Hildebrand (1847–1921), Büste des Prinzregenten Luitpold im Graf-Luxburg-Museum auf Schloß Aschach, Bad Bocklet.

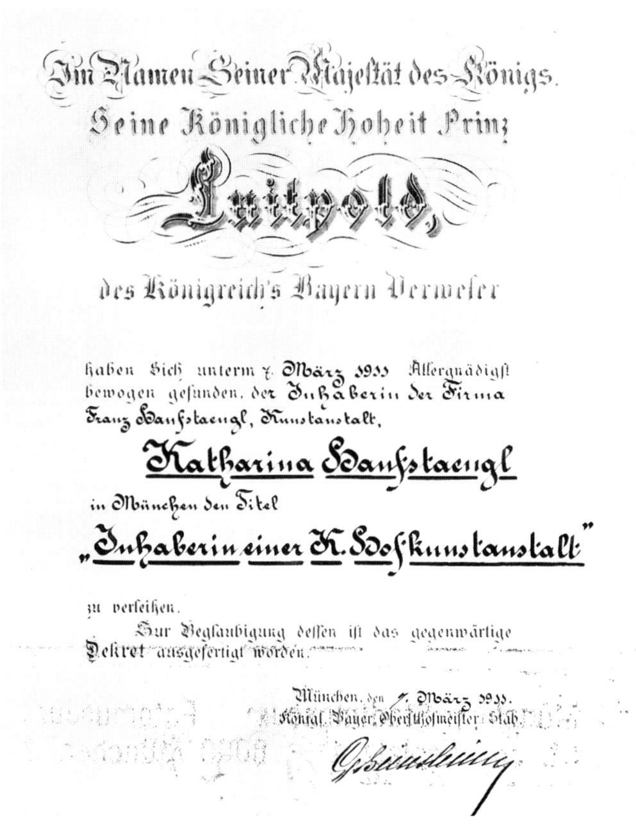

Im Namen Seiner Majestät des Königs.
Seine Königliche Hoheit Prinz
Luitpold,
des Königreich's Bayern Verweser

haben Sich unterm 7. März 1911 Allergnädigst bewogen gefunden, der Inhaberin der Firma Franz Hanfstaengl, Kunstanstalt,

Katharina Hanfstaengl

in München den Titel

„Inhaberin einer K. Hofkunstanstalt"

zu verleihen.

Zur Beglaubigung dessen ist das gegenwärtige Dekret ausgefertigt worden.

München, den 7. März 1911.
Königl. Bayer. Oberst-Hofmeister-Stab.

Am Ende der Prinzregentenzeit besaßen knapp 700 Gewerbetreibende den begehrten und äußerst geschäftsfördernden Titel »Hoflieferant«. Das Delikatessengeschäft Alois Dallmayr in München hatte unter den bayerischen Firmen die meisten Hoftitel. Für einen zusätzlichen Hoftitel eines anderen Hofes bedurfte es der Sondergenehmigung des Obersthofmeisters.

Oben: Werbeplakat: Hoflieferant Schad von Michael Zeno Diener (1868–1938) München, um 1900.

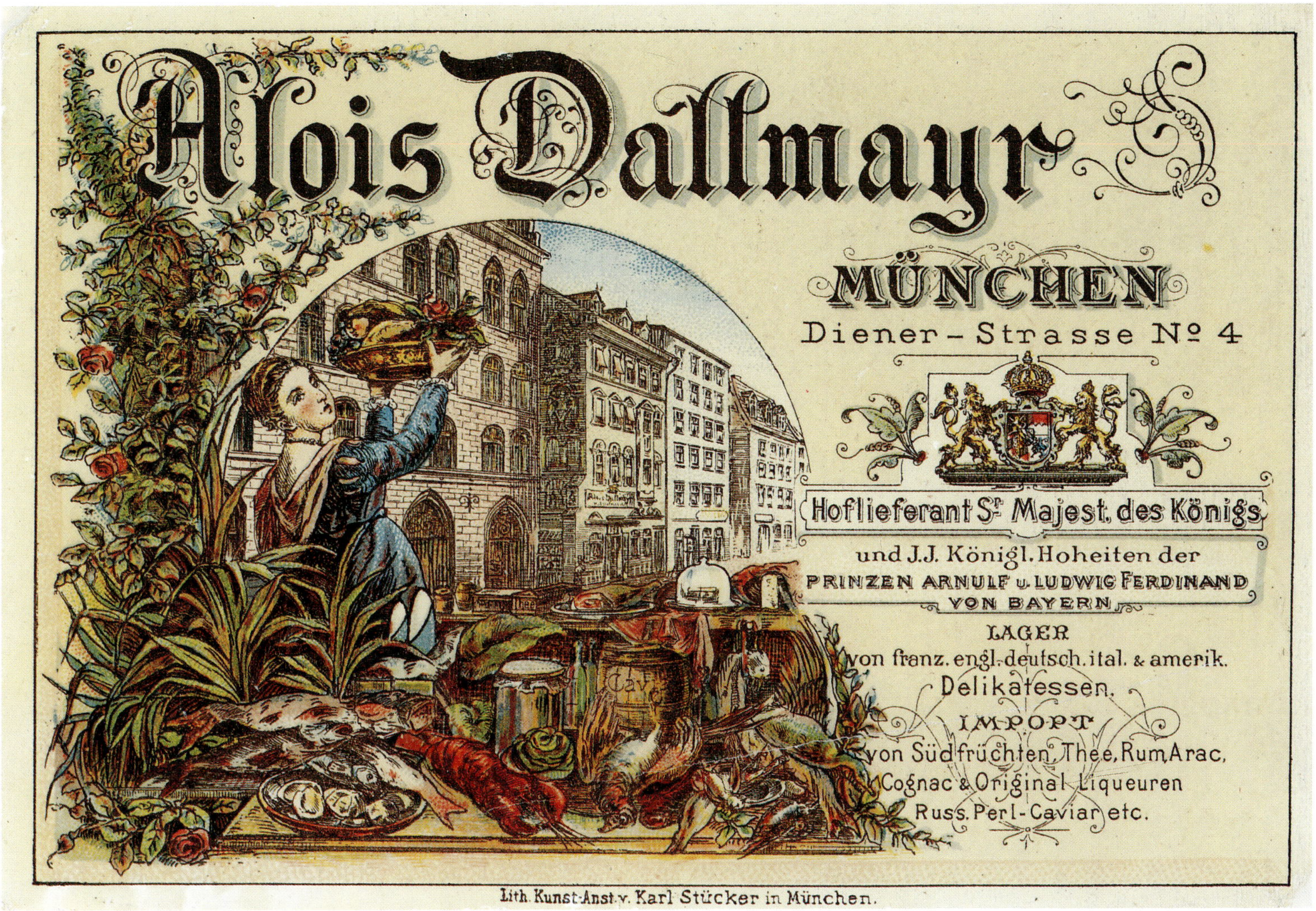

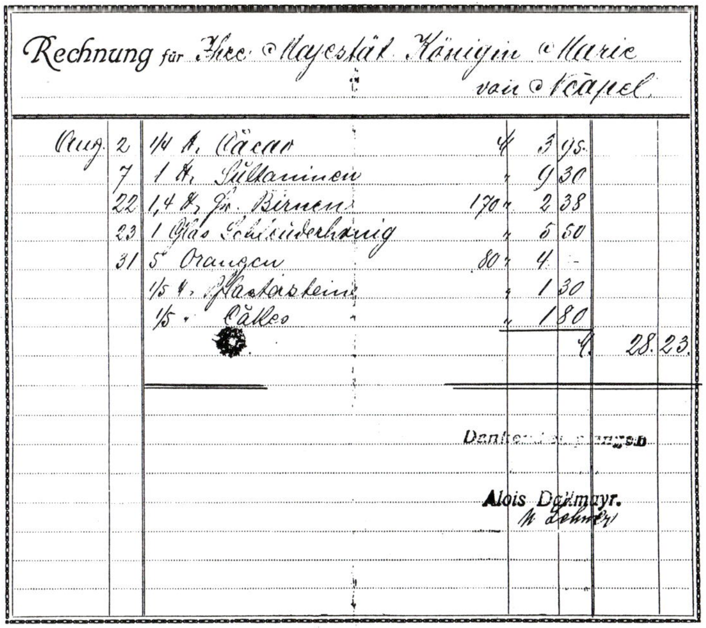

Rechnung für Ihre Majestät Königin Marie von Neapel.

Aug.	2	1/4 K. Cacao		3 95	
	7	1 K. Sultaninen		9 30	
	22	1,4 K. gr. Birnen	170	2 38	
	23	1 Glas Schleuderhonig		5 60	
	31	5 St. Orangen	80	4 –	
		1/5 K. Pastasteine		1 30	
		1/5 K. Cakes		1 80	
				M.	28.23

Dank…

Alois Dallmayr.
[illegible]

Einkauf der Marie Sophie, Königin Beider Sizilien (1841–1925), geb. Herzogin in Bayern, eine Schwester der Kaiserin Elisabeth, bei Dallmayr in München.

◁ Richard Adam (1786–1862), Prinzregent Luitpold von Bayern im Berchtesgadener Land zur Jagd reitend, 1910.

Max Slevogt (1868–1932), Luitpold Prinzregent von Bayern im Hermelin, 1908.

KÖNIG LUDWIG III. (1913–1918) und KÖNIGIN MARIE THERESE

Ludwig
* 7. 1. 1845 München
† 18. 10. 1921 Schloß Sárvár/Ungarn
▭ Dom, München

Marie Therese
Ehgn. von Österreich-Este, Prn. von Modena
* 2. 7. 1849 Brünn
⚭ 20. 2. 1868 Wien
† 3. 2. 1919 Schloß Wildenwart/Chiemsee
▭ Dom, München

Die Nachkommen:

Rupprecht (1869–1955) s. unter Kronprinz Rupprecht

Adelgunde Marie Auguste Therese (1870–1958)
⚭ Wilhelm, Fürst v. Hohenzollern

Maria Ludwiga (1872–1954)
⚭ Ferdinand, Hg. v. Calabrien

Karl Maria Luitpold (1874–1927)

Franz (1875–1957)
⚭ Isabella, Prn. v. Croy

Mathilde (1877–1906)
⚭ Ludwig, Pr. v. Sachsen-Coburg-Gotha

Wolfgang Maria Leopold (1879–1895)

Hildegard Maria Christina Theresia (1881–1948)

Notburga Karolina Maria Theresia (19. 3.–24. 3. 1883)

Wiltrud Maria Alix (1884–1975)
⚭ Wilhelm, Gf. v. Urach u. Württemberg, Hg. v. Urach

Helmtrud (1886–1977)

Dietlinde Marie Josepha (1888–1889)

Gundelinde (1891–1983)
⚭ Johann Georg, Gf. v. Preysing-Lichtenegg-Moos

Der letzte Wittelsbacher auf dem Königsthron

Der letzte bayerische König war Ludwig III. Er übernahm im Alter von 68 Jahren in der Nachfolge seines 1912 verstorbenen Vaters Luitpold die Regentschaft für seinen geisteskranken Vetter Otto. Da er als Prinzregent verfassungsrechtlich stark eingeschränkt war, strebten er und sein leitender Minister Georg von Hertling (1843–1919) eine Verfassungsänderung an. Mit Hertling, dem betont katholischen Politiker, ging die Ära der weltanschaulich liberalen Minister zu Ende. Die liberale Presse reagierte auf diesen Wechsel entsprechend negativ (Hartmann).
Trotz heftiger Auseinandersetzungen stimmten in der Zweiten Kammer schließlich alle Parteien mit Ausnahme der Sozialdemokraten für die Verfassungsänderung, die dann am 4. November 1913 auch in der Ersten Kammer angenommen wurde. Ab 12. November 1913 hatte Bayern wieder ein Königspaar: Ludwig III. und Marie Therese.
Ein knappes dreiviertel Jahr später brach der Erste Weltkrieg aus. Am frühen Abend des 1. August 1914 gab König Ludwig III. vom Balkon des Wittelsbacher Palais, vor dem sich eine riesige Menschenmenge eingefunden hatte, die Mobilmachung bekannt. Das Bayerische Heer zog mit 417500 Mann ins Feld, am Ende des Krieges waren es rund 500000. Fast 180000 Soldaten mußten ihr Leben lassen, und Hunderttausende kehrten als Verwundete oder Krüppel heim.
Kronprinz Rupprecht, ältester Sohn des Königs und Oberbefehlshaber der 6. Armee, errang am 20. August 1914 an der Westfront in Lothringen den ersten großen deutschen Sieg. Ludwigs Bruder, der Generalfeldmarschall Prinz Leopold, erhielt 1915 den Oberbefehl über die an der Ostfront stehende 9. Armee und wurde am 29. August 1916 vom Kaiser zum Nachfolger Hindenburgs ernannt. König Ludwig III. erhoffte von einem siegreichen Ausgang des Krieges einen wirtschaftlich-politischen Block in Mitteleuropa unter Einschluß Belgiens und des Rhein-Schelde-Kanals. Für Bayern erstrebte er die Angliederung des Elsaß an die Pfalz.
Der nationale Überschwang bei Kriegsbeginn war erschreckend. Der Berchtesgadener Ehrenbürger Ganghofer verbreitete sein Jubelgedicht »O heilger Krieg! Du schöpferische Macht!«. Bittwallfahrten für den Sieg wurden vor allem nach Altötting unternommen. Das Innen- und Kriegsministerium rief zur verstärkten Bildung von Jugendwehren für vormilitärische Ausbildung auf. Ende 1914 hatten diese Jugendkompanien in Bayern etwa 79000 Mitglieder.
Im Juli 1915 entstand in Deutschland eine von über 1000 Intellektuellen getragene Kriegszielbewegung, die bei einem etwaigen Frieden ohne Siegespreis die Monarchie in Gefahr sah. Die »Süddeutschen Monatshefte« brachten ein Sonderheft über »Kriegsziele« heraus.
Georg Freiherr von Hertling, Vorsitzender des bayerischen Ministerrates, »trat schon im Sommer 1915 für einen Sonderfrieden mit Rußland auf der Basis des Status quo und für Sonderverhandlungen mit Belgien sowie 1916 für ein öffentliches Friedensangebot ein« (Hartmann). Am 1. November 1917 wurde er im Alter von 74 Jahren Reichskanzler und preußischer Ministerpräsident, sein Nachfolger als bayerischer Ministerpräsident war der Jurist Otto von Dandl (1864–1942).

Seit 1915 war infolge der englischen Seeblockade und Mißernten im eigenen Lande die Lebensmittelversorgung in Bayern nicht mehr ausreichend gewährleistet. Schwere Notzeiten waren die Folge. Einer Kartoffelmißernte folgte der »Dotschenwinter«, es gab nur noch Futterrüben. Trotz Rationierung der Lebensmittel und Ablieferungsquoten war die Hungersnot nicht in den Griff zu bekommen. Die Stimmung im Volk war dementsprechend. Am 31. August 1916 teilte der Historiker Karl Alexander von Müller in einem Schreiben an den König und seine Minister u. a. mit: »Jeder umstürzenden Agitation ist in dieser Stimmung ein Boden geboten, wie ihn das bayerische Bergland in seiner ganzen tausendjährigen Geschichte noch nie geboten hat.«
Die Oberste Heeresleitung versuchte derweilen, die militärische und kriegswirtschaftliche Kampfkraft zu erhalten. Das sogenannte Hindenburgprogramm für die Rüstung und das Gesetz über den Vaterländischen Hilfsdienst trugen den Erfordernissen der Materialschlachten Rechnung. 1917 war der Höhepunkt der bayerischen Industrialisierung, vor allem der Flugzeugherstellung. In den Rüstungsbetrieben arbeiteten immer mehr Frauen und Kriegsgefangene.
Wie Kronprinz Rupprecht des öfteren feststellte, sah sein Vater die Zersetzungserscheinungen im bayerischen Heer nicht. Bis zuletzt glaubte er an den Sieg Deutschlands und hatte völlig überzogene optimistische Zu-

An Meine Bayern!

Wider unsere Hoffnung geht auch das vierte Kriegsjahr zu Ende, ohne uns den Frieden gebracht zu haben.

Deutschlands Heere haben in beispielloser Tapferkeit den feindlichen Anstürmen standgehalten, uns im Osten rückenfrei gemacht, im Westen den Feind in siegreichen Kämpfen geschlagen und die deutschen Lande vor Verwüstung und Elend bewahrt.

Aber nicht an uns liegt es, wenn wir nunmehr in das fünfte Kriegsjahr eintreten. Noch sind die Gegner trotz aller Mißerfolge nicht zum Friedenswillen bereit, noch betrachten sie Deutschlands Zerschmetterung als ihr Ziel.

Kein Deutscher denkt aber an einen schimpflichen Frieden!

Da gilt es denn weiterzukämpfen, alle Mühsale und Entbehrungen auch fernerhin auf uns zu nehmen in der sicheren Zuversicht, daß Gott unsere gerechte Sache zum Siege führen wird. Dafür bürgt nicht nur die unvergleichliche Tapferkeit und Widerstandskraft unserer Heere, sondern in gleichem Maße der unbeugsame Wille zum Durchhalten in der Heimat.

Daß Heer und Volk sich bisher so mutig die Treue gehalten, die draußen ihr Blut und Leben, die drinnen ihr Gut und ihre Kraft so opferfreudig dem Vaterlande geweiht haben, dafür danke Ich in dieser ernsten Stunde von tiefstem Herzen. Ich weiß Mich eins mit Meinem Volke, daß es König und Vaterland nicht verlassen, daß es durchhalten wird bis zum glücklichen Frieden. Das walte Gott!

München, den 28. Juli 1918.

Ludwig.

kunftserwartungen. Die Anregung des Kronprinzen an den Ministerratsvorsitzenden Dandl, noch vor Beginn des vorbereiteten großen deutschen Westangriffs ein neues Friedensangebot zu machen, wurde von diesem gar nicht erst weitergeleitet.
Dem Umsturz vom 7. auf den 8. November 1918 in München ging eine Massenversammlung auf der Theresienwiese voraus, bei der etwa 50 000 Menschen gegen den Kaiser und für den Frieden demonstrierten. Die Kundgebung verlief zunächst ohne Zwischenfälle. Aus dieser Versammlung spaltete sich jedoch ein kleiner Demonstrationszug unter Führung Kurt Eisners (1867–1919) mit Anhängern der revolutionären USPD ab. Es kam zum Staatsstreich. Kurt Eisner erklärte die regierende Dynastie der Wittelsbacher für abgesetzt und rief den »Volksstaat Bayern« aus. Da für die Sicherheit der königlichen Familie nicht mehr garantiert werden konnte, verließ diese auf Anraten des Innenministers Brettreich bei Nacht und Nebel die Residenz. Das Kriegsministerium in München verkündete die Eidesentbindung, ohne den König gefragt zu haben. Ludwig III. selbst weigerte sich, den Entwurf einer Abdankungsurkunde zu unterzeichnen. Statt dessen entschloß er sich am 13. November 1918 zu folgender Erklärung:
»Zeit meines Lebens habe ich mit dem Volk und für das Volk gearbeitet. Die Sorge für das Wohl meines geliebten Bayern war stets mein höchstes Streben. Nachdem ich infolge der Ereignisse der letzten Tag nicht mehr in der Lage bin, die Regierung zu führen, stelle ich allen Beamten, Offizieren und Soldaten die Weiterarbeit unter den gegebenen Verhältnissen frei und entbinde sie des mir geleisteten Treueids.«
Dem ehemaligen König und seinen Angehörigen wurden ein Aufenthaltsrecht und volle Bewegungsfreiheit in Bayern zugesichert. Sie sollten sich verbürgen, nichts gegen den Volksstaat Eisners zu unternehmen.

Familienleben in schweren Zeiten

Ludwig III. war der älteste Sohn des Prinzregenten Luitpold. Zu strengem Verantwortungsbewußtsein erzogen, charakterisiert ihn seine Mutter als einen wortkargen Beobachter. Sein jüngerer Bruder Leopold galt als viel liebenswürdiger, »hingegen ist bei Ludwig mehr fond, und er gewinnt bei näherer Bekanntschaft«.
Nach seinem Universitätsstudium, das der Philosophie und Rechtswissenschaft, Geschichte und Nationalökonomie galt, entwickelte sich der Prinz zu einem Fachmann in Wirtschaftsfragen. Sein Interesse richtete sich auf die Erschließung der Wasserkräfte in Bayern. 1891 kam es zur Gründung des Kanalvereins. 1868 wurde Prinz Ludwig bereits Ehrenpräsident des Zentralkomitees des landwirtschaftlichen Vereins. Im Jahr 1875 erwarb er das Schloß und Gut Leutstetten am Starnberger See, das er zu einem der größten Gutshöfe ausbaute. Bald galt Leutstetten als Musterbetrieb für Milchwirtschaft. Dies brachte Ludwig den Namen »Millibauer« und seiner Frau den Namen »Dopfenreserl« ein.
Seine Frau, Marie Therese, Erzherzogin von Österreich-Este und Prinzessin von Modena, hatte er zu Pfingsten 1867 bei der Leichenfeier für seine Cousine Erzherzogin Mathilde in Wien kennengelernt. Marie Thereses Vater war im Jahr ihrer Geburt gestorben. Von ihm, dem Bruder des 1875 kinderlos verstorbenen enthronten

Franz V. Herzog von Modena, hatte sie über die Häuser Orléans und Savoyen die Ansprüche der Stuarts auf den englischen Thron geerbt. Für die englischen Legitimisten trug Marie Therese den Titel »Mary III., Queen of Scotland, Her Majesty Mary IV., Queen of England, France and Ireland«.
Die Verlobung der Fürstenkinder fand am 22. Oktober 1867 auf Schloß Seelowitz in Mähren statt, das Marie Therese u. a. zusammen mit Schloß Sárvár in Westungarn als Heiratsgut erhielt. Die Vermählung der katholischen Habsburger Prinzessin mit Prinz Ludwig wurde 4 Monate später, am 20. Februar 1868, in der Wiener Hofburg in Anwesenheit des Kaisers Franz Joseph von Österreich mit gebührendem Glanz gefeiert.

In 22 Ehejahren hat Marie Therese dreizehn Kinder geboren. Als am 17. Mai 1869 der erste Sohn, Rupprecht, zur Welt kam, war die Freude der Eltern natürlich groß. Die Öffentlichkeit nahm jedoch kaum Notiz von diesem Ereignis. Niemand konnte ja zu diesem Zeitpunkt ahnen, daß ein künftiger Thronerbe geboren worden war, denn König Ludwig II. war gerade 23 und dessen Bruder 21 Jahre alt.
Da kaum Repräsentationspflichten anfielen, konnte sich das Prinzenpaar ganz der Familie widmen. Die naturbegeisterte Marie Therese legte mit ihren Kindern ein Alpinum in Leutstetten an. Außerdem war sie eine ausgezeichnete Malerin. Und während Ludwig leidenschaftlich gerne auf die Jagd ging, unternahm Marie Therese mit ihren Kindern alljährlich Wandertouren und Reisen ins rechtsrheinische Bayern, in die Pfalz und in die preußischen Rheinprovinzen, nach Italien, Österreich, Bosnien, Dalmatien und in die Schweiz. Sehr beliebt waren auch die Fahrten zu den Besitzungen der Prinzessin nach Ungarn und Mähren.
Am 12. November 1913 fand die allgemeine Landeshuldigung für das neue Königspaar in München statt. Im achtspännigen vergoldeten Krönungswagen von 1813, geziert mit weiß-blauen Straußenfederbüschen, fuhr das weißhaarige Königspaar zum Gottesdienst in die Frauenkirche. Zum Ball anläßlich der Feier der Thronbesteigung erschien Kaiser Wilhelm II. in der Uniform des ihm verliehenen 1. bayerischen Ulanenregiments. Acht Monate später begann der Erste Weltkrieg.
Die Kunde von dem Attentat auf den österreichischen Thronfolger Erzherzog Franz Ferdinand und seine Gemahlin in Sarajewo erreichte das Königspaar in Würzburg, wo man gerade die hundertjährige Zugehörigkeit zu Bayern feierte. Am 1. August 1914 gab der König vom Balkon des Wittelsbacher Palais aus, an der Seite der Königin, die Mobilmachung bekannt. Offiziere verlasen auf den Straßen Münchens des Königs Mobilmachungsbefehl für das bayerische Feldheer.
Marie Therese hatte nach dem Tod der Königin Marie das Protektorat über den Frauenverein vom Roten Kreuz übernommen. Sie funktionierte zu Kriegsbeginn die Nibelungensäle der Residenz in die größte Kriegsnähstube Deutschlands um, in der etwa 800 Frauen arbeiteten. Von der Nähstube aus wurden abgehende Truppen und Lazarette mit Wäsche versorgt, außerdem gesammelte Kleidungsstücke dort sortiert und an in Not gekommene Frauen und Kinder weitergegeben. Die Prinzessinnen engagierten sich in der Verwundeten- und Krankenpflege und besuchten zusammen mit ihrer Mutter die Lazarette.
In den Kriegswirren richtete König Ludwig die Bitte an Papst Bendikt XV., daß »die allerseligste Jungfrau Maria als Patronin der Bayern durch den Heiligen Stuhl erklärt werde und daß ein besonderes Fest dieser Jungfrau Maria unter dem Titel Patrona Bavariae alljährlich im Marienmonat am 14. Mai in ganz Bayern gefeiert werden dürfe unter einem entsprechenden Ritus und mit einem besonderen Offizium«. Es war sicher eine große Geste gegenüber dem bayerischen Königshaus, daß der Papst im April 1916 tatsächlich die Erhebung der Gottesmutter zur »Schutzfrau Bayerns« vornahm.
Als die Not immer drückender wurde und ein Ende des Krieges nicht abzusehen war, fand 1917 die erste Frauendemonstration in München statt. Von da ab weiteten sich die Streiks gegen eine Fortführung des Krieges auf ganz Bayern aus.

In der Nacht vom 7. zum 8. November 1918 erklärte Revolutionsführer Kurt Eisner Bayern zum Freistaat. Nach 738jähriger Herrschaft wurde die Wittelsbacher Dynastie als erste in Deutschland abgesetzt. Das Königspaar Ludwig III. und Marie Therese verließ am Abend des 7. Novembers die Residenz in München zusammen mit den Töchtern Hildegard, Helmtrud, Gundelinde und Wiltrud sowie dem Erbprinzen Albrecht. Die Fahrt durch Nacht und Nebel endete auf Schloß Wildenwart im Chiemgau. Am 3. Februar verstarb dort die Königin im

Eugen Napoleon Neureuther, Der Starnberger See, 1839. – Der Starnberger See entwickelte sich seit dem frühen 19. Jahrhundert zur bevorzugten Sommerfrische des Königshauses und des wohlhabenden Münchner Bürgertums. Als Mittelbild der in der Art eines pompeijanischen Wandbildes gestalteten Sammelansicht erscheint ein Blick über den »Würm-See« (wie der See ursprünglich hieß) von Norden mit dem Schloß und Kirche von Starnberg und der Alpenkette in der Ferne. Darunter ist ein Plan des Sees ausgerollt. In den Ecken des zentralen Bildfeldes befinden sich Einzelansichten: links oben »Schloß Berg«, rechts oben Schloß »Possenhofen«, rechts unten Schloß »Garazhausen«, links unten die Villa Leoni. Der rahmende Fries enthält zehn weitere Ansichten: In der Mitte oben die Aussicht »Von der Rottmansbank«, die bis heute die Erinnerung an den Landschaftsmaler Carl Rottmann festhält; in der Mitte unten die »Insel Wörth«, die später zur Roseninsel wurde; links von oben nach unten Schloß »Leutstetten«, Schloß »Almannshausen«, Schloß »Ammerland« und Häuser in »Ambach«; rechts von oben nach unten die neuromantische »Capelle bei Söcking«, im Auftrag des Prinzen Karl von Bayern erbaut und zunächst als Mausoleum für seine 1838 verstorbene Gemahlin Sophie Bayrstorff benutzt, »Villa Beiersdorf«, d. i. die Villa des Prinzen Karl, Schloß »Dutzing« und die Stiftskirche »Bernried«. Die phantasievollen Arabesken spielen auf Flora und Fauna des Starnberger Sees an, aber auch auf Jagd und Fischfang als Erwerbszweig der Anwohner. Zwei Medaillons zeigen äsendes Rotwild und eine Hirtenidylle, oben erscheinen in einem Achteck im See badende Nymphen.

Zur frommen Erinnerung im Gebete
an Ihre Majestät
Königin Marie Therese
gestorben am 3. Februar 1919
in Schloß Wildenwarth im Alter von 69½ Jahren.

Königin Marie Therese Henriette Dorothea wurde am 2. Juli 1849 als einziges Kind des Herzogs Ferdinand von Modena, Erzherzogs von Österreich und der Herzogin Elisabeth, gebornen Erzherzogin von Österreich und Ungarn in Brünn geboren. Wenige Monate nach ihrer Geburt fiel ihr Vater einer Typhusepidemie zum Opfer. Unter der Leitung ihrer Mutter, die sich in zweiter Ehe mit dem Erzherzog Karl Ferdinand von Österreich vermählte, wuchs die kleine Prinzessin erst in Modena, dann in Mähren auf.
Im Alter von 18 Jahren gab sie dem Prinzen Ludwig von Bayern die Hand zum ehelichen Bunde. Der überaus harmonischen Ehe entsprossen 13 Kinder. Als die mit reichen Gaben des Geistes ausgestattete hohe Frau mit ihrem Gemahl im Jahre 1913 den königlichen Thron bestieg, ward sie ihrem geliebten Bayern eine wahre Landesmutter. Möge ihr nun der König der Könige die Krone des Lebens geben.

J. Pfeiffer's relig. Kunstverlag (D. Hafner) München

Alter von 69 Jahren: »Mit ihr starb die Seele des Hauses, nicht nur die Mutter ihrer Kinder, sondern auch unsere sorgende Landesmutter.« Bis ruhigere Zeiten kämen, sollte Marie Therese in der Schloßkapelle ruhen. Am 18. Oktober 1921 verstarb auch Bayerns letzter König Ludwig III. in Sárvár/Ungarn. Er hatte den Wunsch geäußert, in der Wittelsbacher Fürstengruft im Dom zu Unserer Lieben Frau zu München zusammen mit seiner Gemahlin Marie Therese zur letzten Ruhe gebettet zu werden. Am 4. November wurden die Särge mit dem toten Königspaar im Zug nach München gebracht und in der Ludwigskirche aufgestellt. Am folgenden Tag fand der Trauerzug zum Dom statt. Die Organisation der königlichen Trauerfeier hatte Regierungspräsident Dr. von Kahr übernommen. Den Särgen der Eltern folgte der älteste Sohn, Kronprinz Rupprecht, in der Uniform eines bayerischen Feldmarschalls. Die gesamte Staatsregierung schritt im Trauerzug. Am Königsplatz durchbebten Fanfarenstöße die Luft, und 700 Sänger erhoben ihre Stimmen zu einem Hymnus.

Die Gedenkrede für das königliche Paar hielt Kardinal Michael von Faulhaber, umgeben von den Bischöfen Bayerns. Er zeichnete ein Charakterbild des verstorbenen Königs, »der seiner Familie das Bild eines arbeitsseligen Mannes hinterlassen hat, seinem Volk das Bild eines leutseligen Königs, seiner Kirche das eines gottseligen Bekenners ... Am 20. Februar 1918 haben wir vor dem Hochaltar dieser Kirche die Goldene Hochzeit des Königspaares neu eingesegnet ... Vor wenigen Wochen erst ist der König Ludwig zum letzten Mal nach Altötting gepilgert, um dort in der Gnadenkapelle die Urne mit dem Herzen der Königin niederzulegen. Und heute ruhen sie beide im Totenschrein nach einem 51jährigen Treuebund vor diesem Altare, um nach dem Seelengottesdienst in der Gruft unter dem Hochaltar ihre letzte Ruhestätte zu finden – im Leben und im Tode nicht getrennt.«

Baronesse von Redwitz formulierte in ihrer Hofchronik: *»Man hatte in München noch nicht verlernt, solchen Veranstaltungen eine hohe künstlerische Weihe zu geben: so hat der neue Volksstaat das angestammte Königspaar, das er unter Führung landfremder Elemente vom Throne gestoßen, unter pomphafter Feier in die Gruft der alten ehrwürdigen Frauenkirche gesenkt. Das Geschlecht der Wittelsbacher hat achthundert Jahre das Bayernland regiert.«*

Walter Firle (1859–1929), König Ludwig III. in Georgirittertracht, 1913. ▷

Festakt im Thronsaal der Münchner Residenz am 21. Dezember 1912 anläßlich der Übernahme der Regentschaft durch Prinz Ludwig.

König Ludwig III. zusammen mit der Generalität bei einer Armeeparade im Münchner Hofgarten anläßlich seiner Thronbesteigung im Jahre 1913.

Die Königsfrage

»... Ach freilich! Ja! – Das Vaterland!
Es trauert noch im Witwenstand,
Indem es keinen König hat.
Das schmerzet den Kommerzienrat.
Seit Sechsundachtzig trinken wir
In der Regentschaft unser Bier.

Und überhaupts, die Bayern sind
Verlassen wie ein Waisenkind.
Sie fragen sich und seufzen schwer:
Bleibt denn der Thron noch immer leer?
...
Die Königstreu' im Bayernland
Braucht endlich einen Gegenstand!

Ludwig Thoma

Erzherzogin Elisabeth von Österreich (1831–1903), Mutter der Prinzessin Marie Therese.

Prinzessin Marie Therese von Modena d'Este (1849–1919) als Braut, 1867.

Prinzessin Marie Therese nach der Geburt ihres zwölften Kindes, dem Töchterchen Dietlinde. V. l. n. r.: die Kinder Rupprecht, Adelgunde, Maria, Karl, Franz, Mathilde, Wolfgang, Hildegard, Wiltrud und Helmtrud, 1888.

Rhododendron javanicum »Princess royal«. – I. K. Hoh. die Frau Prinzessin Ludwig von Bayern wird als Mitarbeiterin der Illustr. Monatshefte f. d. Ges. – Interessen d. Gartenbaues, 1887, genannt. Sie fertigte für die Zeitschrift u. a. dieses Blumenbild.

Schloß Sárvár, gemalt von der künstlerisch sehr begabten Königin Marie Therese. – Das Schloß in Westungarn gehörte der Königin; dort verstarb 1921 Ludwig III.

Zur Silberhochzeit der Eltern traten die Prinzessinnen Helmtrud (* 1886), Hildegard (* 1881) und Wildtrud (* 1884) als die Kardinaltugenden Glaube, Liebe und Hoffnung auf, 1893.

Zur Lieblingslektüre einiger bayerischen Prinzessinnen und Prinzen gehörten die Abenteuerromane des bis heute viel gelesenen Autors Karl May (1842–1912). Insbesondere Prinzessin Wiltrud, »sein Königstöchterlein«, unterhielt einen regen Briefwechsel mit ihm. 1898 wurde er bei einem Besuch in München von Prinzessin Marie Therese und ihren Kindern in der Residenz empfangen.

Prinzessin Marie Therese (rechts) und Kaiserin Auguste Victoria beim Besuch im November 1906 in München anläßlich der Grundsteinlegung zum Deutschen Museum.

Oskar von Miller (1855–1934), der Gründer des Deutschen Museums in München, und seine Frau Marie mit Brautkrone an ihrem 70. Geburtstag.

Prinzessin Mathilde von Bayern (1877–1906), ihr Gemahl Prinz Ludwig von Sachsen-Coburg und Gotha (1870–1942) und Söhnchen Antonius (1901–1970).

Adolf von Hildebrand (1847–1921), Grabmal der früh verstorbenen Prinzessin Mathilde in der Kapelle von Rieden bei Leutstetten am Starnberger See, 1906.

Der Königliche Hoflieferant Dallmayr in München lieferte nicht nur Delikatessen, sondern auch den Manöverproviant.

Olaf Gulbransson (1873–1958), Kaisermanöver im Jahre 1909. – Zeichnung für die satirische Zeitschrift »Simplicissimus«.

Seit dem 4. April 1896 erschien in München die von Albert Langen und Thomas Theodor Heine gegründete Wochenschrift »Simplicissimus«. Das scharfe gesellschaftskritische Blatt hatte so bekannte Mitarbeiter wie Ludwig Thoma, Frank Wedekind, Olaf Gulbransson und Ferdinand von Rezniček.

Das bayerische Prinzregentenpaar Ludwig III. und Marie Therese zusammen mit Erzherzog Franz Ferdinand (ermordet 1914) bei der Eröffnung der Adria-Ausstellung in Wien, Juli 1913.

Die Stadt Hof – festlich geschmückt anläßlich eines Besuches von Prinz Leopold von Bayern (1846–1930), des Bruders König Ludwigs III.

Kaiser Karl I. von Österreich (1887–1922) besichtigt mit König Ludwig III. von Bayern bei seiner Ankunft in München die am Bahnhof angetretenen österreichischen Veteranenvereine, 1917.

Zur 800-Jahr-Feier der Burg Wittelsbach am 25. Mai 1914 reiste das Königspaar zusammen mit den Prinzessinnen Adelgunde, Hildegard und Helmtrud nach Aichach. Trotz strömenden Regens und Kälte jubelte das Volk, und das Königspaar absolvierte das umfangreiche Programm dort, wo einst die Stammburg des Hauses Wittelsbach stand.

Das Königspaar Ludwig III. und Marie Therese zusammen mit fünf Prinzessinnen auf dem Balkon des Augsburger Rathauses anläßlich eines Besuches am 9. Juni 1914.

Flugtag in Johannistal bei Berlin im Jahr 1913. König Ludwig III., der technisch sehr interessiert war, bei der Besichtigung der aufgestellten Aeroplanen; rechts eine »Rumpler-Taube«.

Das Königspaar Ludwig III. und Marie Therese bei einer Ungarnreise 1914. – Nach ihrer Ankunft auf der Bahnstation von Sárvár werden sie von einem ungarischen Magnaten begrüßt.

Dienerschaft Modena/Bayern auf Schloß Wildenwart, das im Besitz der Königin Marie Therese war. Herzogin Adelgunde von Modena, Schwester des Prinzregenten und Tante der Königin Marie Therese von Bayern, hatte lebenslängliches Wohnrecht auf Schloß Wildenwart und dort ihre eigene Dienerschaft.

Kriegsausbruch 1914. Ausmarsch der Truppen aus München an die Front.

König Ludwig III. bei einer Parade anläßlich der Jahrhundertfeier Unterfrankens in Würzburg. Die Feierlichkeiten wurden unterbrochen, nachdem die Nachricht von der Ermordung des österreichischen Thronfolgerpaares in Sarajewo eingetroffen war.

Am frühen Abend des 1. August 1914 gab König Ludwig III. an der Seite seiner Gemahlin vom Balkon des Wittelsbacherpalais aus die Mobilmachung bekannt. Im Aufruf des Königs hieß es: »An Mein Heer – Alle Versuche, den Frieden in Ehren zu wahren, haben unsere Nachbarn zu schanden gemacht. Die Ehre unseres Reiches und das Schicksal des Vaterlandes stehen auf dem Spiel und zwingen uns das Schwert in die Hand ...« Im Ersten Weltkrieg kämpften 417 500 Bayern für die »Heiligsten Güter, für Ehre und Existenz des Reiches.«

Bayerische Staatszeitung
Kgl. Bayerischer Staatsanzeiger

Nr. 181 München, Montag, den 3. August 1914 2. Jahrgang

Aufruf
an die
Frauen und Jungfrauen Bayerns!

Die eisernen Würfel sind gefallen; es sollte dem Deutschen Volke nicht gegönnt sein, noch weiter die Segnungen des Friedens zu genießen.

Nun gilt es, Deutsches Land und Deutsche Art zu schützen gegen den Feind.

Begeistert schart sich das Bayerische Volk um seinen vielgeliebten Landesherrn, Seine Majestät König Lüdwig III. Schulter an Schulter stehen unsere Bayern in der geschlossenen Reihe aller Deutschen unter der Führung Seiner Majestät des Deutschen Kaisers. In festem Gottvertrauen blicken wir voll Zuversicht und Stolz auf unsere brave, tapfere Armee. Niemand kann ihren Angehörigen vergelten, was sie in selbstloser Hingabe für uns zu opfern bereit sind.

Euch aber, denen es nicht gegönnt ist, mit Blut und Leben für des Vaterlandes Ehre einzutreten, bitte Ich innigst, nach Kräften mitzuwirken zur Linderung der Not jener Braven, welche das feindliche Geschoß oder die Beschwerden des Krieges verwunden oder siech zu Boden werfen. So stellt Euch denn, die Ihr wohl alle liebe Angehörige bei der Armee wißt, in den Dienst des Roten Kreuzes, gleich meinen Töchtern Hildegard, Helmtrude und Gundelinde.

Draußen fließt Blut, herinnen fließen Tränen, am bittersten da, wo zur Sorge der Seele die Not des Leibes kommt. Auch hier muß und wird geholfen werden. Das Notwendige bereiten wir eben vor im Anschluß und im Zeichen des Roten Kreuzes. Meine Töchter Adelgunde und Wiltrude arbeiten auf diesem Fürsorgegebiete mit.

„Soldaten, die Ihr ins Feld zieht, Ich, die Königin, sage Euch, Eure tapferen Frauen und Eure lieben Kinder sollen nicht Not leiden; schaut voraus gegen den Feind, Euren Lieben gehört nun unsere Sorge."

Alle Kreisausschüsse und Zweigvereine des Bayerischen Frauenvereins vom Roten Kreuz ersuche Ich, unverzüglich auf der Grundlage der bisherigen Vorarbeiten an die weitere Ausbildung von Pflegekräften, Beschaffung von Leib- und Bettwäsche, Verband- und Lebensmitteln heranzutreten, um die Bestände unserer Lazarette, Pflegestätten, Genesungsheime und Sammelstellen auf möglichste Höhe zu bringen.

Bayerns Frauen und Jungfrauen werden wie im Feldzuge 1870/71 ihre vaterländische Pflicht erfüllen, das weiß Ich, denn solcher Frauendienst ist gottgefällig.

Schart Euch um Eure Königin!

König, Vaterland und Armee werden es Euch danken.

München, 2. August 1914.

Marie Therese
Königin von Bayern.

Während des Ersten Weltkriegs wurden auf Veranlassung der Königin Marie Therese die Nibelungensäle in der Münchner Residenz zur »größten Nähstube Deutschlands« umfunktioniert.

Die 66jährige Königin Marie Therese stellt Hilfssendungen für die Soldaten im Felde und in den Lazaretten zusammen, 1915.

Sitzung des bayerischen Staatsrates im Jahre 1915 unter dem Vorsitz Seiner Majestät des Königs von Bayern, Ludwig III. (Mitte). – Zur Rechten des Königs sitzt Georg Friedrich von Hertling, der von 1912–1917 königlich bayerischer Staatsminister des Königlichen Hauses und zugleich Vorsitzender im Ministerrat war; im Hintergrund (in Uniform) Kriegsminister Generaloberst Kreß von Kressenstein.

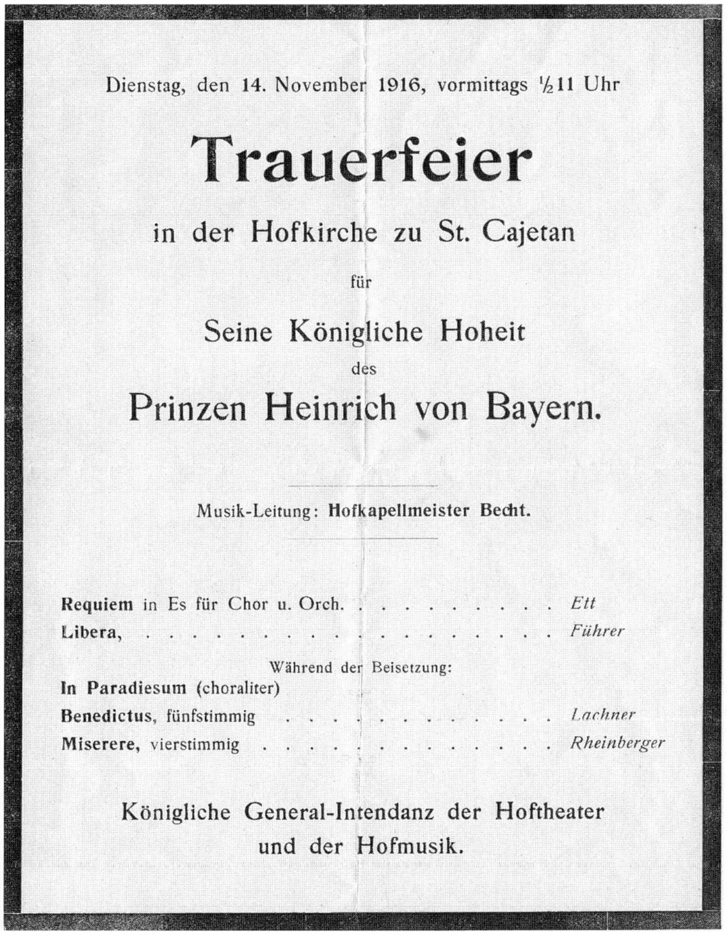

Dienstag, den 14. November 1916, vormittags ½11 Uhr

Trauerfeier

in der Hofkirche zu St. Cajetan

für

Seine Königliche Hoheit

des

Prinzen Heinrich von Bayern.

Musik-Leitung: **Hofkapellmeister Becht.**

Requiem in Es für Chor u. Orch. . . . . *Ett*
Libera, ... *Führer*

Während der Beisetzung:

In Paradiesum (choraliter)
Benedictus, fünfstimmig . . . . *Lachner*
Miserere, vierstimmig . . . . *Rheinberger*

Königliche General-Intendanz der Hoftheater
und der Hofmusik.

Major Heinrich Prinz von Bayern (1884–1916), Sohn von Prinz Arnulf, eines Bruders König Ludwigs III., und der Prinzessin Theresia Maria Josepha von Liechtenstein. – Nach zwei schweren Verwundungen in Frankreich, wurde Prinz Heinrich an die Front nach Siebenbürgen beordert. Dort traf ihn bei einer Erkundung am Monte Sule bei Hermannstadt am 7. November ein Bauchschuß, an dessen Folgen er tags darauf starb. Seine verwitwete Mutter holte den Leichnam ihres einzigen Kindes in Kronstadt ab und begleitete den Sarg bis nach München.

◁ »Patrona Bavariae«, Muttergottesstatue aus Bronze von Hubert Gerhart (um 1550–1622/23), ursprünglich geschaffen für den Hochaltar der Münchner Frauenkirche, seit 1638 auf der im gleichen Jahr errichteten elf Meter hohen Mariensäule am Marienplatz.
König Ludwig III. richtete an Papst Benedikt XV. die Bitte, »die allerseligste Jungfrau Maria als Patronin der Bayern« zu erklären und zu erlauben, daß alljährlich ein besonderes Fest unter dem Titel »Patrona Bavariae« im Marienmonat gefeiert werden dürfe. Im April 1916 erhob der Papst die Gottesmutter zur »Schutzfrau Bayerns«.

Prinzessin Hildegard als Rotkreuzschwester und als Kaninchenzüchterin während des Ersten Weltkrieges. Kaninchenzucht wurde als ein Mittel gegen die Hungersnot propagiert.

Münchens „Armut“ beim billigen Kartoffel-Einkauf.

Die Gnädige: »O mei Gott! O mei Gott, Zenzl, san ma froh, dass ma aus dem Arma-Leut-Gstank heraust san! Dös hoasst scho a Aufgab, bis d' zu dö **billinga Kartoffi** kimmst? Schaug, daß man ins Automobui einikemma, s'Benzin ist ja dös reinst' Odikolong geg'n dem, was ma da einig'schmeckt ham! Pfui Deifl!“

Während des Ersten Weltkrieges mußten Frauen in den Rüstungsbetrieben Schwerstarbeit leisten. Weihnachten 1915 wurden in den Münchner Stadtteilen Au und Giesing anonyme Flugblätter verteilt: »Von Frauen zu Frauen! Wir wollen nicht mehr länger zusehen, wie man unsere Männer und Söhne hinschlachtet. Wir wollen Frieden! Frieden! Frieden für alle!«

Besonders die Stadtbevölkerung war von der immer schlechter werdenden Versorgung mit Lebensmitteln betroffen. Anstehen und Hamstern gehörten zum Kriegsalltag. Nach der Kartoffelmißernte von 1916 gab es nur noch Futterrüben (»Dotschenwinter«), 1918 waren nicht einmal mehr auf Bezugskarten Lebensmittel zu erhalten.

Wie sein Vater Prinzregent Luitpold so war auch König Ludwig III. ein passionierter Jäger; hier bei einem Jagdausflug in Berchtesgaden, 1913.

Blätter des Bayerischen Frauenvereins vom Roten Kreuz.

Herausgegeben vom Zentral-Komitee des Bayer. Frauenvereins vom Roten Kreuz.

Erscheinen monatlich einmal. Bezugspreis bei postfreier Zustellung für das Jahr M. 2.—, bei Bezug von mind. 5 Expl., vorausgesetzt, daß die Zusendung an eine Adresse geschieht, M. 1.85, von 25 Expl. an M. 1.80. Bestellungen sind ausschl. an die Verlagsbuchhandlung Gebr. Reichel, K. B. Hofbuchdruckerei, Augsburg, zu richten. Fernsprech-Nr. 26 und 84.

Anzeigen: Preis für die viergespaltene Petitzeile 25 Pfennig; bei Wiederholungen entsprechender Rabatt. Anzeigen der Zweigvereine werden zum halben Tarifpreise berechnet. Beilagen nach Uebereinkommen. Alleinige Anzeigen-Annahme durch Gebrüder Reichel, Augsburg.

Nummer 13. XVII. Jahrgang. 19. Februar 1918.

Zur Goldenen Hochzeit Allerhöchst unseres Königspaares
20. Februar.

Titelseite der »Blätter des Bayerischen Frauenvereins vom Roten Kreuz« anläßlich der Goldenen Hochzeit des Königspaares Ludwig III. und Marie Therese.

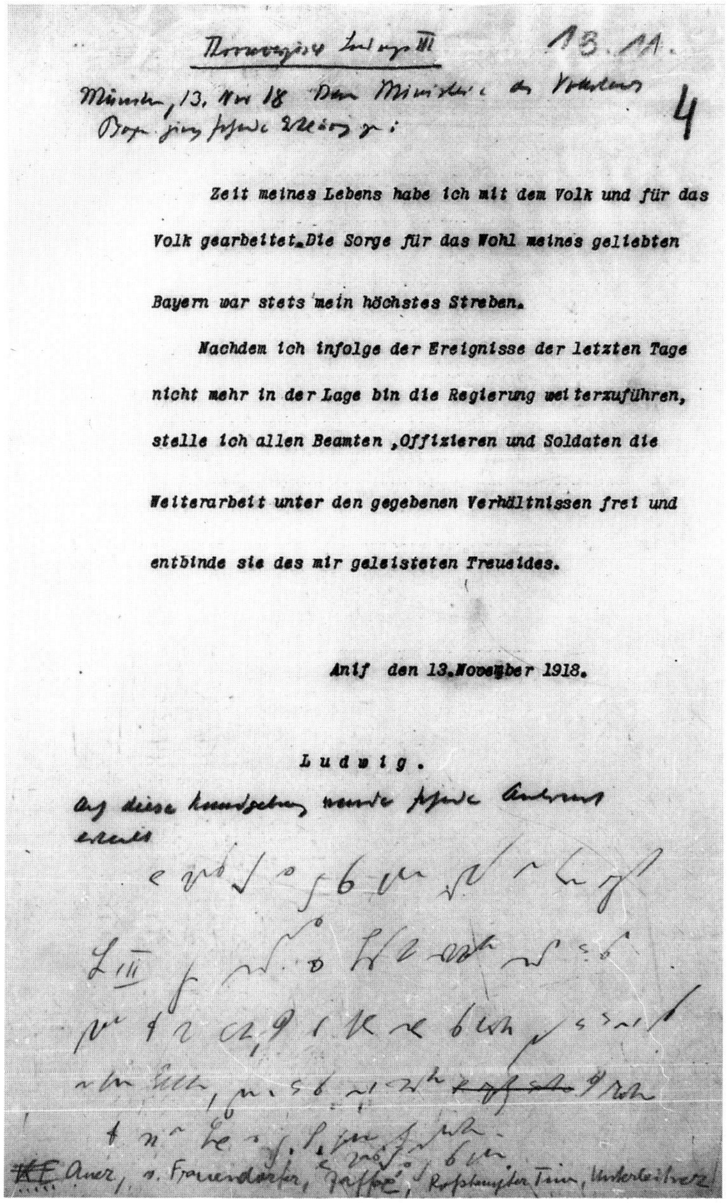

Zeit meines Lebens habe ich mit dem Volk und für das Volk gearbeitet.Die Sorge für das Wohl meines geliebten Bayern war stets mein höchstes Streben.

Nachdem ich infolge der Ereignisse der letzten Tage nicht mehr in der Lage bin die Regierung weiterzuführen, stelle ich allen Beamten ,Offizieren und Soldaten die Weiterarbeit unter den gegebenen Verhältnissen frei und entbinde sie des mir geleisteten Treueides.

Anif den 13.November 1918.

Ludwig.

Entbindung vom Treueeid, 13. November 1918.
Am 13. November 1918 unterzeichnete Ludwig III. obiges Dokument, in dem er lediglich seine Beamten, Offiziere und Soldaten vom Treueeid entband. Eisner, der eine Abschrift dieser Erklärung erhielt, vermerkte darauf stenographisch: »Der Ministerrat des Volksstaates Bayern nimmt den Thronverzicht Ludwigs zur Kenntnis. Es steht dem ehem. König und seiner Familie nichts im Wege, sich wie jeder andere Staatsbürger frei und unangetastet in Bayern zu bewegen, sofern er und seine Angehörigen sich verbürgen, nichts gegen den Bestand des Volksstaates Bayern zu unternehmen.«

Am 7. November verkündete Kurt Eisner (1867–1919) im Landtag: ». . . Wir haben die freie Republik, den freien Volksstaat Bayern.« Eisner wurde am 8. November 1918 Ministerpräsident und Minister des Auswärtigen Amtes. Auf dem Weg zur Landtagseröffnung, am 21. November 1919, in der er möglicherweise seinen Rücktritt erklären wollte, wurde er von Graf Arco hinterrücks erschossen. Es kam zur Ausrufung der Räterepublik.

Am 8. November 1918 konnten die Münchner überall folgende Plakatanschläge lesen:

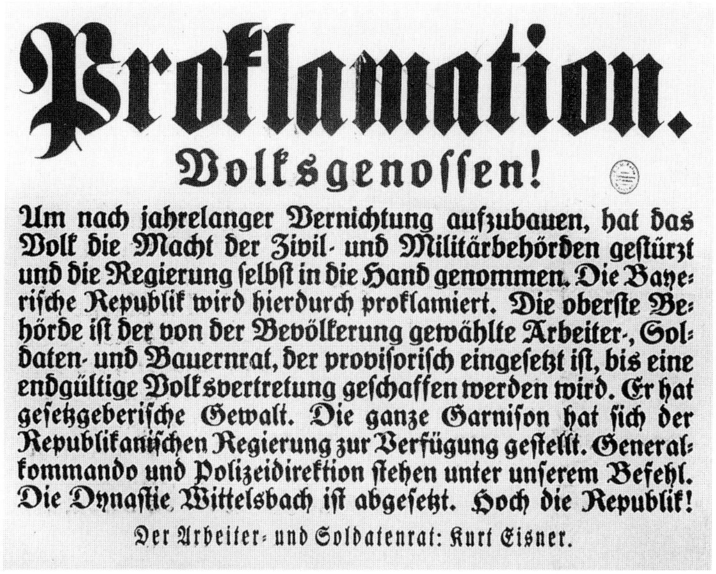

Proklamation.

Volksgenossen!

Um nach jahrelanger Vernichtung aufzubauen, hat das Volk die Macht der Zivil- und Militärbehörden gestürzt und die Regierung selbst in die Hand genommen. Die Bayerische Republik wird hierdurch proklamiert. Die oberste Behörde ist der von der Bevölkerung gewählte Arbeiter-, Soldaten- und Bauernrat, der provisorisch eingesetzt ist, bis eine endgültige Volksvertretung geschaffen werden wird. Er hat gesetzgeberische Gewalt. Die ganze Garnison hat sich der Republikanischen Regierung zur Verfügung gestellt. Generalkommando und Polizeidirektion stehen unter unserem Befehl. Die Dynastie Wittelsbach ist abgesetzt. Hoch die Republik!

Der Arbeiter- und Soldatenrat: Kurt Eisner.

Königin Marie Therese war im Februar 1919 vorläufig auf Schloß Wildenwart beigesetzt worden. König Ludwig III. verstarb 1921 auf Schloß Sárvár in Ungarn und wurde nach Wildenwart überführt. Von dort wurden die Särge des Königspaares mit dem Zug nach München gebracht, eine Nacht in der Ludwigskirche aufgebahrt und in einem feierlichen Zug am 5. November 1921 zur Frauenkirche begleitet, wo das heimgekehrte Königspaar seine letzte Ruhe fand.

Beisetzung des letzten bayerischen Königspaares in München im November 1921. – Die Fürstlichkeiten hinter den Särgen: an der Spitze Kronprinz Rupprecht; 2. Reihe: Prinz Karl, Erbprinz Albrecht, Prinz Franz. 3. Reihe: die vier Schwiegersöhne des Königspaares, v. l.: Herzog Ferdinand von Calabrien, Fürst Wilhelm von Hohenzollern, Prinz Ludwig von Sachsen-Coburg-Gotha, Graf Johann Georg von Preysing. 4. Reihe Mitte: Prinz Georg (Priester), Sohn des Prinzen Leopold.

Der Erzbischof und Kardinal von München-Freising, Michael von Faulhaber, empfängt den Trauerzug mit den Särgen des Königspaares am Dom zu München.

M. von Schoellerer, Hochaltarbild »Christkönig« der Pfarrkirche in Wildenwart im Chiemgau. Auf dem Gemälde wird das letzte bayerische Königspaar Marie Therese und Ludwig III. in Georgirittertracht gezeigt, 1934.

Spendenaufruf für den Kirchenbau in Wildenwart.

KRONPRINZ RUPPRECHT und FAMILIE

Rupprecht
* 18. 5. 1869 München
† 2. 8. 1955 Schloß Leutstetten b. Starnberg
▭ Theatinerkirche, München

1) Marie Gabrielle
Hgn. in Bayern
* 8. 10. 1878 Tegernsee
⚭ 10. 7. 1900 in München
† 24. 10. 1912 Sorrent/Italien
▭ Theatinerkirche, München

2) Antonia
Prn. von Luxemburg und Nassau
* 7. 10. 1899 Schloß Hohenburg
⚭ 7. 4. 1921 auf Schloß Hohenburg b. Lenggries
† 31. 7. 1954 Lenzerheide, Graubünden/Schweiz
▭ S. Maria in Navicella, Rom

Die Nachkommen aus erster Ehe:

Luitpold (1901–1914)

Irmingard (1902–1903)

*Albrecht, Erbprinz (*1905)*, s. unter Herzog Albrecht

Prinzessin (tot geboren 1906)

Rudolf (1909–1912)

Nachkommen aus zweiter Ehe:

Heinrich Franz Wilhelm (1922–1958)
⚭ Anne de Lustrac

*Irmingard Marie Josepha(*1923)*
⚭ Ludwig, Pr. v. Bayern

*Editha Marie Gabrielle Anna (*1924)*
⚭ 1) Tito Brunetti, Dipl.-Ing.
2) Prof. Dr. med. Gustav Schimert,

*Hilda Hildegard Marie Gabriele (*1926)*
⚭ Juan Lockett de Loayza, Großgrundbes. u. peruan. Honorarkonsul i. Regensburg

*Gabriele Adelgunde Marie Theresia Antonia (*1927)*
⚭ Carl, 14. Hg. v. Croy, Lic. jur.

*Sophie Marie Therese (*1935)*
⚭ Jean Engelbert, Pr. u. Hg. v. Arenberg, M. A. Dr. jur.

Chef des Hauses Wittelsbach 1921–1955

Kronprinz Rupprecht war der älteste Sohn des letzten bayerischen Königspaares Marie Therese und Ludwig III. Der Prinz legte 1886 sein Abitur am Münchner Max-Gymnasium ab und studierte danach bis 1891 in München und Berlin Philosophie und Geschichte, Rechts-, Staats-, Gesellschafts- und Wirtschaftswissenschaften. Er hörte Vorlesungen u. a. bei dem Philosophen Hertling, dem bayerischen Staatsrechtler Max von Seydel und dem Anthropologen Johannes Ranke. Politische und diplomatische Aufträge führten ihn nach Berlin, Wien, London, Stockholm und Brüssel.

Der Kronprinz war ein begeisterter Kunstsammler und stand mit Kunsthistorikern, Archäologen und vielen Künstlern in Kontakt. Für Adolf von Hildebrand, der u. a. den Wittelsbacher Brunnen am Lenbachplatz in München schuf, wurde er Gönner und Freund. Besonders unterstützte er Hugo von Tschudi, seit 1909 Direktor der Staatsgalerie in München, in seinem Wirken für die Pinakothek. Zu seinen Freunden zählte auch der langjährige Direktor des Deutschen Archäologischen Instituts in Rom, Prof. Dr. Ludwig Curtius.

Der 15jährige Kronprinz Rupprecht (stehend) mit seinen Eltern, dem späteren König Ludwig III. und Marie Therese, und Geschwistern.

Mit 31 Jahren heiratete Rupprecht Herzogin Marie Gabrielle, die Tochter Herzog Karl Theodors in Bayern. Das Volk nannte diese sehr zarte Prinzessin von Anfang an die »Märchenkönigin«. Am 8. Mai 1901 wurde der Erbprinz Luitpold geboren, am 21. September 1902 Prinzessin Irmingard, die nur sieben Monate leben durfte, am 3. Mai 1905 folgte Albrecht, der heutige Chef des Hauses Wittelsbach; das vierte Kind, ein Mädchen, starb bei der Geburt; Rudolf, der dritte Sohn des Kronprinzenpaares, kam am 30. Mai 1909 zur Welt.

Da die Prinzessin genau so gerne reiste wie ihr Gemahl, unternahm das Paar im Sommer 1901 eine Reise nach Rom. Dort wurden sie von Papst Leo XIII. und auch von dem neuen König Italiens, Victor Emanuel III., herzlich empfangen. Anschließend besuchten sie die Insel Korfu sowie Athen, Delphi und Olympia. Im Dezember 1902 traten sie gemeinsam eine Reise rund um die Welt an.

Als Prinz Rudolf am 26. Juni 1912 im Alter von drei Jahren verstarb, traf dies seine Mutter besonders hart. Rupprecht brachte sie daher zu einem Erholungsaufenthalt nach Sorrent. Dort erlag Marie Gabrielle am 24. Oktober 1912 einem unheilbaren Nierenleiden. An der Seite ihrer drei verstorbenen Kinder wurde sie in der Gruft der Theatinerkirche in München beigesetzt. Am Sarg der Mutter trauerten der elfjährige Luitpold und der siebenjährige Albrecht. Am 27. August 1914 dann geschah das Unfaßbare: Erbprinz Luitpold starb an Kinderlähmung.

Der vierjährige Erbprinz Albrecht (August 1909), seit 1955 Chef des Hauses Wittelsbach; Scherenschnitt.

Klein' Luitpold's Tod!

In tiefer Trauer steht Bayerns Thron
Um des siegreichen Kronprinzen ältesten Sohn.
Prinz Luitpold, der jüngste Leutenant
Aus dem Deutschen Heer, aus dem Bayerland,
Ist plötzlich, dieweil unsere Waffen voll Segen,
Dem grimmsten Feinde machtlos erlegen. –
Wißt Ihr, warum die Welt ihn verlor'?
Ein Leutnant fehlte im himmlischen Chor.
Darum zog Prinz Luitpold im Himmel ein,
Er wird nun der Engel Heerführer sein.
Und hört ihr in Lüften ein Summen und Schwirren
So muß klein' Luitpold sein Heer inspizieren;
Er zieht mit uns hinaus ins Feld
Wo Schwerter klirren und Schlachtenruf gellt,
Und führt uns sicher aus Feindeskrieg
Mit Kinderhänden durch Nacht zum Sieg.
Soldaten im Feld, jetzt müssen wir siegen,
Jetzt werden dem Feind wir nimmer erliegen,
Denn uns begleitet immerdar
Klein' Luitpold mit seiner Engelschar.

Gedichtet von Etta Beda-Schwarz
Dramat. Sängerin

Der Vater, der als Oberbefehlshaber der 6. Armee an der Westfront im Einsatz war, konnte nicht einmal zur Beerdigung kommen, denn »die Pflicht heischt jetzt handeln, nicht trauern« – so schrieben es die Zeitungen.
1916 wurde Prinz Rupprecht königlich bayerischer und königlich preußischer Generalfeldmarschall und Chef der Heeresgruppe Kronprinz Rupprecht. Während der Rückzugskämpfe nach der verlorenen Schlacht in Frankreich »vom Umsturz in der Heimat überrascht, legte Rupprecht am 10. November 1918 noch von der Westfront aus Verwahrung gegen die Umwälzung ein, »die ohne Mitwirkung der gesetzgebenden Gewalt, unbekümmert um den wahren Willen des bayerischen Gesamtvolkes von einer Minderheit herbeigeführt sei«. (Rall)
Am 7. April 1921 schloß Kronprinz Rupprecht, knapp 52 Jahre alt, eine zweite Ehe mit der 21jährigen Prinzessin Antonia von Luxemburg. Die Verlobung hatte bereits am Ludwigstag, dem 25. August 1918, stattgefunden. Doch nach dem Waffenstillstand vom 11. November 1918 wurde der Großherzogin Marie Adelheid (1894–1924) der älteren Schwester Antonias, von seiten der Alliierten und auch in Luxemburg selbst der Vorwurf der Deutschfreundlichkeit gemacht, da sie dieser Verlobung zugestimmt hatte. Marie Adelheid mußte daraufhin zurücktreten, und die Verlobung war zunächst wieder aufgehoben worden. Die Einsegung der Ehe nahm der apostolische Nuntius in Bayern, der spätere Papst Pius XII., auf Schloß Hohenburg bei Lenggries vor. Auch Rupprechts Vater, der ehemalige König Ludwig III., war von Wildenwart zu den Hochzeitsfeierlichkeiten angereist. Nur sechs Monate später, am 18. Oktober 1921, starb dieser in Sárvár.
Nach der Trauerfeier für seine Eltern im Dom zu München, am 5. November 1921, verließ Kronprinz Rupp-

Vier Generationen im Hause Wittelsbach: v.l. Prinz Ludwig von Bayern, der spätere König Ludwig III., Prinzregent Luitpold, Erbprinz Luitpold mit seinem Vater Kronprinz Rupprecht.

recht die Kirche durch die Sakristei. Noch am gleichen Tag reiste er aus München ab. Er hinterließ eine Verlautbarung, in der es heißt:

»... *Eingetreten in die Rechte meines Herrn Vaters und in treuem Bekenntnis zu meiner bayerischen und deutschen Heimat bin ich verpflichtet, dies festzustellen; das schulde ich der Überlieferung meines Hauses, der Geschichte und der Zukunft. Die in den letzten Tagen mir zum Ausdruck gebrachten Gefühle berechtigen mich zu der Hoffnung, daß das bayerische Volk, seinem gesunden Sinn entsprechend, aus seiner jetzigen Bedrängnis sich mit Gottes Hilfe wieder emporringen wird.*

Rupprecht.«

1923 begründete Rupprecht den Wittelsbacher Ausgleichsfonds und die Wittelsbacher Landesstiftung, in denen er den Wittelsbacher Besitz an Kunstwerken und anderem Familiengut wie Schloß Hohenschwangau und Schloß Berchtesgaden in Stiftungen öffentlichen Rechts umwandelte. Schloß Berchtesgaden machte er zu einem öffentlich zugänglichen Museum.

Zweiter Weltkrieg und Nachkriegsjahre

Den Nationalsozialismus lehnte Kronprinz Rupprecht von Anfang an ab. Im Februar 1933 überlegten Regierungs- und Parteikreise ernsthaft, ob sie nicht durch die Bildung einer bayerischen Regierung unter dem Kronprinzen als Generalstaatskommissar die Machtergreifung Hitlers in Bayern verhindern könnten. Es bestanden Überlegungen, Rupprecht zum König auszurufen. Doch diese Pläne scheiterten letztlich aus verfassungsrechtlichen Gründen. Bei einem Gestapo-Verhör im Herbst 1939 bestritt Rupprecht jede Ermunterung monarchistischen Widerstands und erklärte, er habe erkannt, daß »das Ziel einer Wiederherstellung der Monarchie wenigstens solange unerreichbar sei, als der nationalsozialistische Staat bestehe« (Zorn).

Als die Gestapo seinen Wohnsitz Leutstetten konfiszierte, verließ Kronprinz Rupprecht am 31. Dezember 1939 Deutschland und ging nach Rom, wohin ihn König Victor Emanuel III. von Italien eingeladen hatte. Baron Redwitz verbürgte sich dafür, auch der Kronprinzessin und ihren Kindern die Ausreise aus Deutschland zu ermöglichen. Aus Luxemburg nach München zurückgekehrt, erhielt Antonia eine Einladung der Königin Elena. Nachdem es gelungen war, Auslandspässe zu besorgen, folgte sie mit den Kindern ihrem Mann nach Rom. Albrecht, dem Sohn des Kronprinzen aus erster Ehe, gelang es nach Ungarn auszureisen, wohin er bereits seine Familie in Sicherheit gebracht hatte.

Als die genehmigte Aufenthaltszeit des Kronprinzen überschritten war, stellte er bei der deutschen Botschaft in Rom den offiziellen Antrag auf Erteilung eines Rückreisevisums für sich und seine Familie, jedoch ohne Erfolg. Die ganze Familie übersiedelte nach Florenz. Auf Einladung des dort ansässigen früheren bayerischen Hauptmanns Theodor Freiherr von Fraunberg bezog Rupprecht mit Prinz Heinrich ein kleines Appartement im Palazzo Pecori. Die Kronprinzessin zog wegen des besseren Klimas den Aufenthalt in Pera di Fassa vor. Die jüngste Tochter Sophie kam in das Florentiner Institut Sacre Coeur, wo auch ihre Schwester Gabriele als externe Schülerin Unterricht erhielt; sie wohnte mit Hilda, Editha und der Gräfin Bellegarde in einer Pension am linken Arno-Ufer. Die älteste Tochter Irmingard, die großes zeichnerisches Talent besitzt, kam in einem Haus im Kloster Neustift bei Brixen unter, wo sie bei den Tiroler Klosterschwestern Hauswirtschaft lernen sollte. Prinz Heinrich begann ein Jurastudium an der Universität Florenz. Die ganze Familie traf sich zu Weihnachten in Brixen, wo die Kronprinzessin nun einen Teil des Jahres verbrachte. Die Sommermonate verlebte sie in Forte dei Marmi am Meer.

Im Februar 1944 erfolgte die Rückkehr der Kronprinzessin nach Florenz in einem Viehwagen. Kronprinz Rupprecht wollte seine Frau und die Töchter nun im Kloster der Salvatorianerinnen auf dem Gianicolo in Rom unterbringen, doch Antonia übersiedelte am 18. April mit den vier jüngeren Töchtern nach San Martino di Castrozza, während Prinzessin Irmingard bei einer befreundeten Familie am Gardasee unterkam.

1944 wurde der Kronprinz beschuldigt, den Engländern für die Bombardierung des Walchenseekraftwerks dessen Pläne zugespielt zu haben. Man bezeichnete ihn als »den größten Feind Deutschlands«. Seit dem 19. Juni hielt er sich in der Wohnung eines italienischen Obersten in Florenz verborgen und konnte bis zum Einmarsch der Engländer im August 1944 nicht aufgespürt werden. Anfang November reiste er dann zu einer geheimen und von

den Alliierten mißbilligten Papstaudienz nach Rom. Für ein weiteres Jahr kehrte er nach Florenz zurück.
Am 27. Juli 1944 verhaftete die Gestapo auf persönlichen Befehl Hitlers Antonia mit ihren Kindern in San Martino. Wegen des schlechten Gesundheitszustands der Kronprinzessin verbrachte man sie auf die Seiser Alm und dann weiter nach Plan de Gralba, schließlich in zehnstündiger Fahrt nach Innsbruck. Antonia mußte mit einer Rippenfellentzündung ins Krankenhaus eingeliefert werden, wo sie ihre älteste Tochter Irmingard mit schwerem Typhus vorfand. Die anderen Kinder wurden von der Mutter getrennt in einem Hotel untergebracht, sie sollten in ein Schloß im Thüringer Wald kommen. Nach einer Woche Aufenthalt in Weimar wurden sie am 13. Oktober 1944 in das KZ Oranienburg-Sachsenhausen bei Berlin gebracht. Ende Januar kam dann auch die Kronprinzessin und ihre Tochter Irmingard dorthin. Wieder wurde die Mutter von den Kindern getrennt und in die Gefängnisklinik nach Jena verlegt. Ein Luxemburger Offizier, der dort nach Landsleuten suchte, fand die auf 36 Kilogramm abgemagerte Prinzessin, die den Namen Albertine Bingen trug. Ende Februar 1945, als die Russen immer näher kamen, brachte man die fünf Prinzessinnen in das KZ Flossenbürg. Am 8. April ging es zusammen mit 64 anderen in Sippenhaft genommenen Häftlingen weiter nach Dachau, wo sie schließlich am 30. April 1945 befreit wurden.
Charlotte (1896–1985), die regierende Großherzogin von Luxemburg, Schwester der Kronprinzessin, ließ überall in Deutschland nach den Prinzessinnen suchen. Sie fand sie schließlich in Augsburg, wohin sie die Amerikaner nach einem kurzen Zwischenaufenthalt in Leutstetten gebracht hatten. Mit einem Flugzeug kamen sie nach Luxemburg, wo sie ihre Mutter, die sich immer noch schwer krank im Hospital befand, glücklich in die Arme schließen konnte.
Am 10. November 1945 kehrte Kronprinz Rupprecht in einem von General Eisenhower zur Verfügung gestellten Sonderflugzeug nach Deutschland zurück. Sein Wohnsitz wurde wieder Schloß Leutstetten bei Starnberg. Später kam noch ein neueingerichteter Trakt im Schloß Nymphenburg als Stadtwohnung hinzu.
Kronprinzessin Antonia ist nicht mehr nach Leutstetten zurückgekehrt. Ihr Gesundheitszustand machte einen dauernden Aufenthalt im Süden notwendig. Sie verbrachte die meiste Zeit in der Nähe des Comer Sees auf einem Besitz ihrer Schwester. Der Kronprinz und ihre Kinder besuchten sie mehrmals im Jahr. Mit 54 Jahren verstarb sie schließlich am 31. Juli 1954 in einem Sanatorium in Lenzerheide. Ihrem Wunsch entsprechend wurde sie in der Kirche Santa Maria in Navicella in Rom auf dem Monte Celio zur letzten Ruhe gebettet; ihr Herz ruht in der Gnadenkapelle von Altötting.

In den Nachkriegsjahren wurde aus Leutstetten wieder ein »kultiviertes Wohnschloß«, in dem Politiker aller Parteien, Männer der Kunst und der Wissenschaft ein- und ausgingen. Nach und nach vereinigte sich um den Vater wieder die ganze Familie. Zwei Töchtern richtete der Kronprinz glanzvolle Hochzeiten in Schloß Nymphenburg aus: Prinzessin Irmingard (* 1923), die älteste Tochter, heiratete am 20. Juli 1950 ihren Vetter Prinz Ludwig (* 1913). Das Paar blieb in Leutstetten; 1953 schloß Prinzessin Gabriele (* 1927) den Ehebund mit dem Erbprinzen Karl von Croy. Prinzessin Editha (* 1924) verheiratete sich mit Dipl. Ing. Tito Brunetti, in zweiter Ehe mit Prof. Dr. med. Gustav Schimert; Prinzessin Hilda (* 1926) heiratete Juan Lockett de Loayza. Sophie (* 1935), die jüngste Tochter, vermählte sich mit Dr. jur. Jean Engelbert, Prinz und Herzog von Arenberg.
Mehrmals wurden in Bayern Stimmen laut, die nach Kronprinz Rupprecht und einer Wiederaufrichtung der Monarchie riefen. »Sie hatten keine Chance, die Zeit wies der monarchischen Idee nur noch einen Platz im Schatzhaus der Geschichte zu.« (Liebhart)

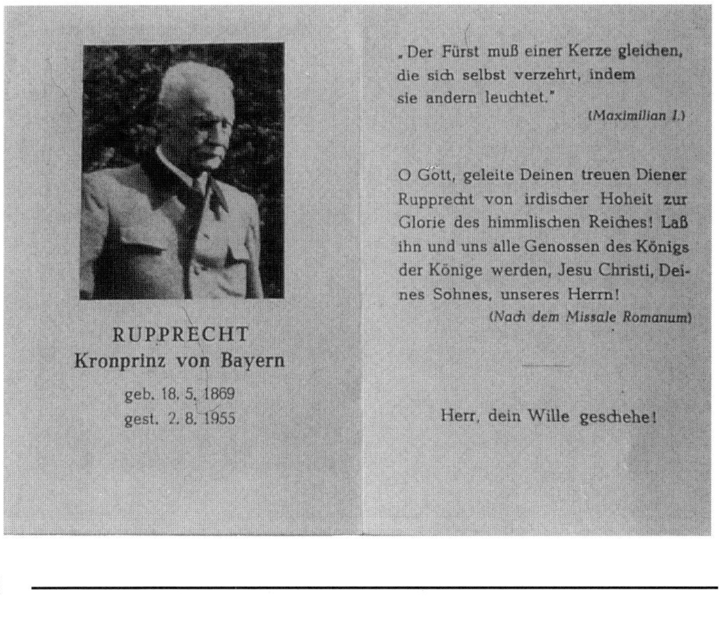

Kronprinz Rupprecht starb am 2. August 1955 in Leutstetten. Ministerpräsident Dr. Wilhelm Högner ordnete für ihn, den letzten deutschen Feldmarschall des Ersten Weltkrieges, ein Staatsbegräbnis in München an. Der Tote war in Marschallsuniform in Schloß Nymphenburg aufgebahrt. Rupprechts Bestattung war die letzte in der älteren Wittelsbacher Fürstengruft in der Theatinerkirche. Der Kronprinz wurde wie ein König zu Grabe getragen, von Hunderttausenden begleitet.
1961 errichtete man ihm ein schlichtes Denkmal am Marstallplatz vor der Residenz, einen Brunnen mit einer eine allegorische Waage und eine Athenastatuette tragenden Frauenfigur.

Kronprinz Rupprecht (1869–1955) an seinem 85. Geburtstag am 10. Juli 1954. ▷

Kronprinz Rupprecht als Oberbefehlshaber der 6. Armee mit dem Stabe des AOK, 1916. – Vordere Reihe Mitte v. l.: Oberst von Braun, Oberquartiermeister des AOK 6, Generaloberst Kronprinz Rupprecht, Generalleutnant von Kuhl, Chef des Generalstabs der 6. Armee. Hintere Reihe zwischen Kronprinz Rupprecht und von Kuhl: Herzog Luitpold in Bayern.

Ankunft König Ludwigs III. in Fresnoy am 8. Februar 1915.

Am 10. Juli 1900 heiratete Kronprinz Rupprecht von Bayern Marie Gabrielle, Herzogin in Bayern (1878–1912), Tochter des Augenarztes Karl Theodor, Herzog in Bayern.

Marie Gabrielle mit ihrem ersten Sohn, Prinz Luitpold (geb. 1901), der seiner am 24. Oktober 1912 verstorbenen Mutter 1914 in den Tod folgte.

Vier Generationen im bayerischen Herrscherhaus.
V.l. Prinz Rupprecht, Prinz Ludwig, späterer König Ludwig III., Prinzregent Luitpold (sitzend) und vorne der Sohn Rupprechts, Prinz Luitpold.

Das letzte bayerische Königspaar mit seinen Söhnen und Töchtern und den beiden Enkeln Prinz Luitpold und Prinz Albrecht, die Söhne Kronprinz Rupprechts.

Ankunft des Prinzregenten Luitpold am Bahnhof in Bamberg anläßlich der Taufe seines Enkels, des Erbprinzen Luitpold, am 15. Mai 1901.

Prinzessin Isabella von Croy (1890–1982), Gemahlin von Prinz Franz (1875–1957), Rupprechts Bruder, mit ihren Kindern Prinz Ludwig (* 1913) und Prinzessin Maria Elisabeth (* 1914) vor dem Jagdhaus König Ludwigs III.

Prinz Franz mit seinem Sohn Ludwig.

Prinz Ludwig, späterer Gemahl von Prinzessin Irmingard (* 1923), der Tochter Kronprinz Rupprechts, auf dem Schaukelpferd.

Marie Adelheid, Großherzogin von Luxemburg (1894–1924), ältere Schwester von Kronprinzessin Antonia.

Rechts oben: Kronprinzessin Antonia im Festkleid anläßlich der Hochzeit von Umberto II. von Italien (1904–1983; König 1946) mit Marie José Prinzessin von Belgien, 1930.

Polterabend in Schloß Berchtesgaden anläßlich der Hochzeit von Prinzessin Sophie mit Prinz Arenberg, 1955. – Stehend (v. l. n. r.): Die Prinzessinen Gabriele, Editha, Hilda und Prinz Heinrich. Im Vordergrund die Braut, Prinzessin Sophie (links), und Prinzessin Irmingard.

Die Kinder des Kronprinzen Rupprecht und seiner zweiten Gemahlin, Kronprinzessin Antonia, um 1930: Heinrich, Irmingard, Editha, Hilda, Gabriele. Das letzte Kind, die Tochter Sophie, wurde 1935 geboren.

◁ Hochzeit des Kronprinzen Rupprecht mit Prinzessin Antonia von Luxemburg (1899–1954) auf Schloß Hohenburg bei Lenggries, 7. April 1921.
Sitzend v. l.: Nuntius Eugenio Pacelli, seit 1939 Papst Pius XII.; Gr.-Hzgn. Maria Anna v. Luxemburg (1861–1942); Kronprinzessin Antonia; Kronprinz Rupprecht; König Ludwig III. Stehend (2. Reihe) v. l.: Palastdame Frfr. v. Hirschberg; Prn. Helmtrud; Prn. Hildegard (1881 bis 1948); Prn. Franz (halbverdeckt); Gr.-Hzgn. Hilda v. Baden (1864–1952); Prn. Sofie v. Luxemburg, nachm. Prn. v. Sachsen (1902–1941); Erbprinz Albrecht; Prn. Hilda v. Luxemburg, nachm. Fstn. Schwarzenberg; Prn. Wiltrud, nachm. Hzgn. v. Urach. Letzte Reihe v. l.: Frfr. v. Bechtolsheim; Obstlt. u. Flügeladjutant Maximilian Frhr. v. Bodman; Bürgermeister Meßmer, Lenggries; Hofrat Dr. Wiest-Lenggries; Msgr. Konrad Graf Preysing, erzbischöfl. Sekretär, nachm. Kardinal; (rechts hinter Erbprinz Albrecht) Geistl. Rat Liedl (dahinter: Prn. Elisabeth v. Luxemburg, nachm. Prn. v. Thurn u. Taxis (1901–1950); Fürst Alois zu Löwenstein); Pr. Ernst Heinrich v. Sachsen; Graf Johann Georg v. Preysing (1887–1924); Hzg. Miguel v. Braganza (1853–1927); dahinter: Pr. Franz v. Bayern.

50-Jahr-Feier des Bayerischen Kriegerbundes am Königsplatz in München, 1. Juni 1924. Sitzend v. l.: Obersthofmeisterin Gräfin Tauffkirchen, Prn. Clara, Hzgn. Maria Josepha, Prn. Gisela, Kronprinzessin Antonia, Prn. Therese, Prn. Luise; auf der Freitreppe, in der Mitte: die Generalfeldmarschälle Kronprinz Rupprecht und Prinz Leopold; rechts Erbprinz Albrecht (in Zivil), Hzg. Luitpold, Pr. Ludwig Ferdinand, Pr. Franz; links auf halber Höhe der Freitreppe: Generaloberst Graf Bothmer, rechts von ihm General Hemmer; ganz links (auf der 4. Stufe): Generaloberst v. Heeringen.

Enthüllungsfeierlichkeiten des Ulanendenkmals am 19. 10. 1924 am Obstmarkt in Bamberg in Anwesenheit des Kronprinzen Rupprecht und General Ludwig Frhr. von Gebsattel (1857–1930).

Festessen

zum

Gedenken der vor 250 Jahren erfolgten Errichtung

des

K. B. 2. Infanterie-Regiments Kronprinz

am 2. Oktober 1932

Speisenfolge

—

Jubiläumssuppe

—

Schweineschlegel

auf Wildbretart

Blaukraut, Bratkartoffel

Preisselbeeren

—

Käse

Vortrags-Ordnung

—

1. Kronprinz Rupprecht-Marsch . .	Burkard
2. Ouvertüre zu „Norma„	Bellini
3. Fantasie a. d. Oper Freischütz . . .	K. M. v. Weber
4. Erinnerung an R. Wagner's Tannhäuser	Hamm
5. Alte Kameraden, Marsch	Teike
6. Aus deutschen Gauen, Potpourri .	Christern
7. Am Lagerfeuer, Intermezzo . . .	Siede
8. Vimy-Marsch	Fürst
9. Prinz Franz-Marsch	Windisch
10. Badonvillers-Marsch	Fürst

Bernhard Bleeker (1881–1968), Gedenkbrunnen für Kronprinz Rupprecht am Marstallplatz in München, 1961.

Adolf von Hildebrand (1847–1921), der abwechselnd in Florenz und München lebte, war mit Kronprinz Rupprecht befreundet. Unter dem Eindruck antiker Bronzen und der Brunnenkunst Roms schuf er in München den prachtvollen Wittelsbacher Brunnen am Lenbachplatz. Detail: Nymphe mit Schale auf einem Wasserstier.

Ludwig Ferdinand Prinz von Bayern, ein Onkel des Kronprinzen Rupprecht, vermählte sich 1883 mit Maria de la Paz (1862–1946), Tochter des Infanten und Titularkönigs Franz und der regierenden Königin Isabella II. von Spanien. Das Ehepaar hatte drei Kinder, v. l.: Maria del Pilar (1891–1987), Ferdinand Maria (1884–1958), Adalbert Alfons (1886–1970).

Maria del Pilar Prinzessin von Bayern als Blumenkönigin der Kölner Blumenfestspiele, Mai 1909.

Ludwig Ferdinand Prinz von Bayern (1859–1949), promovierte als Mediziner bei Max von Pettenkofer 1883. Er wurde Chirurg, Gynäkologe und war als praktischer Arzt tätig. Er behandelte alle seine Patienten kostenlos und bezahlte die Medikamente für sie. Er komponierte, musizierte viele Jahre in großen Orchestern und als Erster Geiger bei den Festspielen im Prinzregententheater in München.

Prinz Adalbert und seine Schwester Prinzessin Pilar hingen zeitlebens in großer geschwisterlicher Liebe aneinander. Der promovierte Historiker, hier am Schreibtisch mit seinem Sohn Prinz Konstantin Leopold (1920–1969), hat zahlreiche wichtige Publikationen zum Haus Wittelsbach veröffentlicht. Prinz Adalbert war der erste Botschafter der Bundesrepublik Deutschland in Spanien.

Maria Pilar Prinzessin von Bayern, die Malerin, Oktober 1965.

Die Aufbahrung des Herzens der 1954 verstorbenen Kronprinzessin Antonia in der Basilika von Altötting. – Berchtesgadener Salzknappen halten die Totenwache. Auf dem Kissen die Orden der in der Schweiz verstorbenen und in Santa Maria in Navicella in Rom zur letzten Ruhe gebetteten Prinzessin. Die Herzurne ist ein Gefäß aus Bergkristall und Silber und die Krone eine Nachbildung der Bayerischen Königskrone aus der Schatzkammer in Altötting.

Kronprinz Rupprecht auf Schloß Nymphenburg an seinem 85. Geburtstag zusammen mit seinem Sohn Herzog Albrecht und dessen ältestem Sohn Prinz Franz (* 1933); in der zweiten Reihe v. l.: Prinz Heinrich (1922–1958), die Prinzen Max Emanuel (* 1937, Bruder von Prinz Franz) und Prinz Konstantin (1920–1969), Sohn des Prinzen Adalbert (1886–1970).

Prinz Leopold von Bayern (* 1943), Sohn des Prinzen Konstantin und der Prinzessin Maria Adelgunde von Hohenzollern, mit seiner Gemahlin Prinzessin Ursula und den beiden Kindern Manuel (* 1972) und Maria del Pilar (* 1978), 1980.

Prinzessin Hella von Bayern (* 1921) und ihr zweiter Gemahl Prinz Eugen von Bayern (* 1925) führen die von ihnen ins Leben gerufene Hintersteiner Trachtengruppe bei der Fronleichnamsprozession in Hinterstein an. Prinzessin Hella nähte die Goldspitzen-Radhauben; sie ist als Autodidaktin Bildhauerin von Fabeltieren: rechts der von ihr geschaffene »Hirtengott«, hergestellt in der Porzellanmanufaktur Nymphenburg.

HERZOG ALBRECHT VON BAYERN

Chef des Hauses Wittelsbach seit 1955

ALBRECHT
* 3.5. 1905 München

1) MARIA (MARITA)
Gfn. Draskovich von Trakostjan
* 8.3. 1904 Wien
ꝏ 3.9. 1930 in Berchtesgaden
† 10.6. 1969 Wildbad Kreuth
▭ Friedhof in Andechs

2) MARIE JENKE (EUGENIE)
Gfn. Keglevich von Buzin
* 23.4. 1921 Budapest
ꝏ 21.4. 1971 in München
† 5.10. 1983 b. Weichselboden/Steiermark (verunglückt)
▭ Friedhof in Andechs

Die Nachkommen aus erster Ehe:

*Marie Gabriele (*30.5. 1931)*
ꝏ Georg, Fürst v. Waldburg zu Zeil u. Trauchburg

*Marie Charlotte (*30.5. 1931)*
ꝏ Paul, Fürst v. Quadt zu Wykradt u. Isny

*Franz (*14.7. 1933)*

*Max Emanuel (*21.1. 1937), seit 1965 auch Hg. in Bayern (durch Adoption)*
ꝏ Elizabeth, Gfn. Douglas
Aus dieser Ehe gingen hervor:
- *Sophie (*28.10. 1967)*
  ꝏ Alois, Pr. von u. zu Liechtenstein
- *Marie-Caroline (*23.6. 1969)*
  ꝏ Philipp, Hg. v. Württemberg
- *Helene (*6.5. 1972)*
- *Elizabeth (*4.10. 1973)*
- *Maria Anna (*7.5. 1975)*

Nach dem Tod von Kronprinz Rupprecht am 2. August 1955 trat Herzog Albrecht von Bayern als ältester Sohn in die Rechte und Pflichten seines Vaters ein. Seit dieser Zeit ist er der Chef des Hauses Wittelsbach.
Herzog Albrecht hatte Forstwissenschaften, Botanik und Zoologie studiert und war danach als Beauftragter für Jagd- und Forstwissenschaften unter Prinzregent Paul (1934–1941) in Jugoslawien tätig. 1941 widmete er sich in Ungarn praktischen Wirtschaftsaufgaben.
Im Oktober 1944 wurde er zusammen mit seiner ersten Gemahlin Maria Gräfin von Draskovich, den dreizehnjährigen Zwillingstöchtern Marie Gabriele und Marie Charlotte und den beiden Söhnen, dem elfjährigen Franz und dem siebenjährigen Max Emanuel, in Ungarn verhaftet und in das Konzentrationslager Oranienburg-Sachsenhausen gebracht.
Nach dem Krieg kümmerte sich der Herzog vor allem um die Belange von Flüchtlingen, er unternahm naturwissenschaftliche Forschungsreisen und leitete in Brasilien eine Aufforstungsaktion. Bis heute engagiert sich Herzog Albrecht besonders für die Erhaltung der Landschaft, der Tier- und Pflanzenwelt. Herzog Albrecht ist Dr. med. vet. h. c. und Ehrensenator der Ludwig-Maximilians-Universität München.
Ihm ist übrigens zu verdanken, daß seit 1980 das Maximilianeum, die Stiftung seines Urgroßonkels König Maximilian II., nun auch Mädchen aufnimmt.

Seit einigen Jahren schon übernimmt Herzog Albrechts ältester Sohn, Prinz Franz, immer mehr Repräsentationspflichten, um seinen Vater zu entlasten. Seine Mutter, Maria Gräfin Draskovich von Trakostjan, ist bereits 1969 verstorben.
Prinz Franz von Bayern besuchte das Humanistische Gymnasium in Kloster Ettal, absolvierte danach eine Banklehre in der Schweiz, studierte in Zürich und München Betriebswirtschaft und beendete sein Studium als Diplomkaufmann. Seine besondere Vorliebe gilt den Naturwissenschaften und der Kunst.
Er bekleidet eine Vielzahl von Ämtern, unter anderem ist er derzeit Vorsitzender des International Council of the Museum of Modern Art in New York; Vorsitzender des Vereins zur Förderung der Alten und Neuen Pinakothek, München; Mitglied des Stiftungsrates der Wittelsbacher Landesstiftung für Kunst und Wissenschaft und Mitglied des Kuratoriums der Ludwig-Maximilians-Universität und der Technischen Universität, München.
Herzog Albrechts zweiter Sohn, Prinz Max Emanuel von Bayern und seit 1965 durch Adoption auch Herzog in Bayern, studierte ebenfalls Betriebswirtschaft. 1967 heiratete er Elizabeth Gräfin Douglas. Aus dieser Ehe gingen fünf Töchter hervor.

Seit 1955 ist Herzog Albrecht von Bayern (* 1905), ältester Sohn von Kronprinz Rupprecht, Chef des Hauses Wittelsbach. ▷

Der junge 22jährige Prinz Franz von Bayern vertrat im Mai 1955 zum ersten Mal offiziell bei den Geburtstagsfeierlichkeiten im Münchner Hofbräuhaus seinen Großvater Kronprinz Rupprecht und seinen Vater Herzog Albrecht. Neben Prinz Franz rechts Prinzessin Hella, Gemahlin von Prinz Konstantin (1920–1969), einem Sohn des Prinzen Adalbert.

Marie Gabriele und Marie Charlotte, die Zwillingsprinzessinnen, unter dem Porträt der Königin Caroline von Bayern (1776–1841).

Während ihres elftägigen Staatsbesuches in Deutschland besuchten die britische Königin Elizabeth II. und ihr Gemahl Prinz Philipp am 21. 5. 1965 die bayerische Landeshauptstadt. In Schloß Nymphenburg wurden die Gäste von Herzog Albrecht willkommen geheißen. – Im Bild (ganz rechts) Herzog Albrecht mit Königin Elizabeth II., daneben der bayerische Ministerpräsident Alfons Goppel, gefolgt von seiner Frau Gertrud sowie der Herzogin Maria von Bayern und Prinz Philipp.

Prinz Juan Carlos von Bourbon und seine Gemahlin Prinzessin Sophie von Griechenland, das heutige spanische Königspaar, waren am 11. Mai 1967 in München zu Gast. Der damalige stellvertretende Ministerpräsident Dr. Alois Hundhammer gab aus diesem Anlaß für die spanischen Gäste ein Essen im Hotel Continental. – V. l. n. r.: Prinzessin Sophie, Dr. Alois Hundhammer, Herzog Albrecht und Herzogin Maria von Bayern, Prinz Juan Carlos.

Bei seiner Ankunft am Flughafen München-Riem am 3. Mai 1987 wurde Papst Johannes Paul II. u. a. auch von Herzog Albrecht von Bayern begrüßt.

Empfang von Volksmusikgruppen aus allen sieben bayerischen Regierungsbezirken im Antiquarium der Münchner Residenz, 1981. – Vor Gastgeber Ministerpräsident Alfons Goppel und Herzog Albrecht mit seiner Gemahlin Herzogin Maria Jenke sangen und spielten die Musiker weit über die protokollarisch vorgesehene Zeit. Wastl Fanderl (neben dem Ministerpräsidenten), der beliebte Volksmusikant, gab dazu die fachmännischen Erläuterungen. ▷

Ein Kardinal, ein Prinz und eine Herzogin unterhalten sich angeregt: Friedrich Wetter, Erzbischof von München-Freising, Franz von Bayern und dessen Schwägerin Elizabeth in Bayern.

Im Nationaltheater eröffnete Ministerpräsident Franz Joseph Strauß 1980 die Ausstellung »Wittelsbach und Bayern«. V. r. n. l.: das Herzogspaar Albrecht und Maria Jenke von Bayern, Marianne Strauß, Lore Heubl, Ministerpräsident Franz Joseph Strauß und Landtagspräsident Franz Heubl.

Herzog Albrecht von Bayern, der Chef des Hauses Wittelsbach, empfängt 1993 das Kaiserpaar von Japan auf Schloß Nymphenburg. V. r. n. l.: Herzog Albrecht von Bayern, Kaiser Akihito und Kaiserin Michiko, Herzogin Elizabeth in Bayern, Herzog Max Emanuel in Bayern; in der zweiten Reihe hinter dem Kaiserpaar Graf Christoph von Preysing-Lichtenegg-Moos. Ganz rechts im Hintergrund der bayerische Staatsminister für Unterricht und Kultus Hans Zehetmair.

Prinz Luitpold von Bayern (* 1951) mit Gemahlin Prinzessin Beatrix. – Luitpold, einziger Sohn von Prinzessin Irmingard und Prinz Ludwig, ist heute erfolgreicher Brauereibesitzer. Auf seine Initiative gehen auch die »Königlich Bayerischen Ritterspiele« zurück, die (seit 1980) alljährlich im Juni vor Schloß Kaltenberg ausgetragen werden.

Prinzessin Irmingard (* 1923), älteste Tochter von Kronprinz Rupprecht, und ihr Gemahl Prinz Ludwig (* 1913), ältester Sohn des Kronprinzenbruders Franz und der Prinzessin Isabella von Croy, auf Schloß Leutstetten, 1993.

Hochzeit auf Schloß Tegernsee 1991. –
Das Brautpaar Herzog Philipp von Württemberg und Herzogin Marie Caroline in Bayern, gefolgt vom Brautvater, Herzog Max in Bayern, und der Mutter des Bräutigams, Herzogin Diana von Württemberg; dahinter (leicht verdeckt) die Brautmutter, Herzogin Elizabeth in Bayern, und der Vater des Bräutigams, Herzog Carl von Württemberg.

Herzog Albrecht von Bayern mit seiner Enkelin Herzogin Marie Caroline und deren Gemahl Herzog Philipp von Württemberg auf Schloß Nymphenburg, 1991. ▷

S. K. H. Herzog Albrecht von Bayern (*1905) als Mittelpunkt des Hochzeitsempfangs seiner Enkelin Herzogin Sophie auf Schloß Nymphenburg, 1993. –
V. l. n. r.: Herzoginnen Anna und Elizabeth in Bayern, Herzogin Marie Caroline mit Gemahl Herzog Philipp von Württemberg, Herzogin Helene in Bayern, die Brauteltern Herzog Max Emanuel und Herzogin Elizabeth in Bayern, das Brautpaar Herzogin Sophie in Bayern und Erbprinz Alois von und zu Liechtenstein, sowie die Eltern des Bräutigams, das Fürstenpaar Hans Adam und Marie von und zu Liechtenstein.

Schloß Nymphenburg in München. – Bis zum heutigen Tag finden auf Schloß Nymphenburg (Baubeginn 1664 unter dem bayerischen Kurfürsten Ferdinand Maria und seiner Gemahlin Henriette Adelaide) Empfänge des Hauses Wittelsbach statt.

Prinz Franz von Bayern (*1933) mit seinen Nichten Herzogin Marie Caroline von Württemberg und Herzogin Elizabeth in Bayern unter dem Porträt des ersten Königs von Bayern, Max I. Joseph, 1993. ▷

DIE KÖNIGSPAARE VC
(1

MAXIMILIAN I. (JOSEPH)
Kg. v. Bayern 1806–1825
(27. 5. 1756 – 13. 10. 1825)
⚭ I 30. 9. 1785 Auguste Wilhelmine Maria,
Ldgfn. v. Hessen (14. 4. 1765 – 30. 3. 1796)
⚭ II 9. 3. 1797 CAROLINE FRIEDERIKE WILHELMINE,
Mgfn. v. Baden (13. 7. 1776–13. 11. 1841)

I. ① LUDWIG I.
Kg. v. Bayern 1825–1848
(25. 8. 1786 – 29. 2. 1868)
⚭ 12. 10. 1810 THERESE,
Prn. v. Sachsen-Hildburghausen
(8. 7. 1792 – 26. 10. 1854)

② Auguste Amalie
(21. 6. 1788 – 13. 5. 1851)
⚭ 14. 1. 1806 Eugen Beauharnais,
Hg. v. Leuchtenberg und
Ft. v. Eichstätt

③ Amalie Maria Auguste
(9. 10. 1790 – 24. 1. 1794)

④ Charlotte Auguste (Karoline)
(8. 2. 1792 – 9. 2. 1873)
⚭ I 8. 6. 1808 Wilhelm v. Württemberg,
gesch. 1814
⚭ II 10. 11. 1816 Franz I. v. Österreich,
Kaiser

⑤ Karl Theodor
(7. 7. 1795 – 19. 8. 1875)
⚭ I 1. 1. 1823 Marie Anna Sophie Pétin,
⚭ II 7. 5. 1859 Henriette Hölken,
geb. Schoeller

II. ⑥ Prinz
tot gebor
5. 9. 179

---

① MAXIMILIAN II. (JOSEPH),
Kg. v. Bayern 1848–1864
(28. 11. 1811 – 10. 3. 1864)
⚭ 12. 10.1842 MARIE FRIEDERIKE,
Prn. v. Preußen
(15. 10. 1825 – 17. 5. 1889)

② Mathilde Karoline Friederike
(30. 8. 1813 – 25. 5. 1862)
⚭ 26. 12. 1833 Großhg.
Ludwig v. Hessen-Darmstadt

③ Otto Friedrich Ludwig
Kg. v. Griechenland
(1. 6. 1815 – 26. 7. 1867)
⚭ 22. 11. 1836 Amalie,
Prn. v. Oldenburg

④ Theodolinde
(7. 10. 1816 – 12. 4. 1817)

⑤ *Luitpold*
Prinzregent v. Bayern 1886–1912
(12. 3. 1821 – 12. 12. 1912)
⚭ 15. 4. 1844 Auguste Ferdinande,
Ezhgn. v. Österreich,
Prn. v. Toskana
(1. 4. 1825 – 26. 4. 1864)

⑥ Adelgunde Auguste Charlotte
(19. 3. 1823 – 28. 10. 1914)
⚭ 30. 3. 1842 Franz V. Ferdinand,
Hg. v. Modena,
Ezhg. v. Österreich-Este

---

① LUDWIG II.
Kg. v. Bayern 1864–1886
(25. 8. 1845 – 13. 6. 1886)

② Otto Wilhelm Ludwig
(27. 4. 1848 – 11. 10. 1916)

① LUDWIG III.
Kg. v. Bayern 1913–1918
(7. 1. 1845 – 18. 10. 1921)
⚭ 20. 2. 1868 MARIE THERESE,
Ezhgn. v. Österreich-Este,
Prn. v. Modena
(2. 7. 1849 – 3. 2. 1919)

② Leopold
(9. 2. 1846 – 28. 9. 1930)
⚭ 20. 4. 1873 Gisela,
Ezhgn. v. Österreich

(12. 11.

---

① *Rupprecht*, Kronprinz
(18. 5. 1869 – 2. 8. 1955)
⚭ I 10. 7. 1900 Marie Gabrielle,
Hzgn. in Bayern
(8. 10. 1878 – 24. 10. 1912)
⚭ II 7. 4. 1921 Antonia,
Prn. v. Luxemburg u. Nassau
(7. 10. 1899 – 31. 7. 1954)

② Adelgunde
(17. 10. 1870 – 4. 1. 1958)
⚭ 20. 1. 1915 Wilhelm,
Fürst v. Hohenzollern

③ Maria
(6. 7. 1872 – 10. 6. 1954)
⚭ 31. 5. 1897 Ferdinand,
Hg. v. Calabrien,
Pr. v. Bourbon-Sizilien

④ Karl
(1. 4. 1874 – 9. 5. 1927)

⑤ Franz
(10. 10. 1875 – 25. 1. 1957)
⚭ 8. 7. 1912 Isabella,
Prn. v. Croy

⑥ Mathilde
(17. 8. 1877 – 6. 8. 1906)
⚭ 1. 5. 1900 Ludwig,
Pr. v. Sachsen-Coburg-Gotha

⑦ Wolfgang
(2. 7. 1879 – 31. 1. 1895)

(5

I ① Luitpold
(8. 5. 1901 – 27. 8. 1914)

② Irmingard
(21. 9. 1902 – 21. 4. 1903)

③ *Albrecht*
Erbprinz, seit 1955
Hg. v. Bayern u. Chef
d. Hauses Wittelsbach
(3. 5. 1905)
⚭ I 3. 9. 1930 Maria,
Gfn. Draskovich v. Trakostjan
(8. 3. 1904 – 10. 6. 1969)
⚭ II 21. 4. 1971 Marie Jenke,
Gfn. Keglevich v. Buzin
(23. 4. 1921 – 5. 10. 1983)

④ Prinzessin
tot geboren
6. 12. 1906

⑤ Rudolf
(30. 5. 1909 – 26. 6. 1912)

II ⑥ Heinrich Franz Wilhelm
(28. 3. 1922 – 14. 2. 1958)
⚭ Anne de Lustrac

⑦ Irmingard Marie Josepha
(* 29. 5. 1923)
⚭ 20. 7. 1950 Ludwig,
Pr. v. Bayern
|
Luitpold
(* 1951)
⚭ Beatrix Wiegand

I ① Marie Gabriele
(* 30. 5. 1931)
⚭ Georg, Ft. v. Waldburg
zu Zeil u. Trauchburg

② Marie Charlotte
(* 30. 5. 1931)
⚭ Paul, Ft. v. Quadt
zu Wykradt u. Isny

③ Franz
(* 14. 7. 1933)

④ Max Emanuel
(* 21. 1. 1937)
seit 18. 3. 1965 Hg. in Bayern
(durch Adoption)
⚭ Elizabeth, Gfn. Douglas

s. dazu Stammtafel
„Die Herzöge in Bayern“
S. 243

UND IHRE NACHKOMMEN
undert)

milian Joseph
)0 – 12. 2. 1803)

⑧ Elisabeth Ludovika
(13. 11. 1801 – 14. 12. 1873)
⚭ 29. 11. 1823
Friedrich Wilhelm IV.,
Kg. v. Preußen

⑨ Amalie Auguste
(13. 11. 1801 – 8. 11. 1877)
⚭ 21. 11. 1822
Johann I.,
Kg. v. Sachsen

⑩ Sophie Friederike
(27. 1. 1805 – 28. 5. 1872)
⚭ 4. 11. 1824
Franz Karl Johann,
Ezhg. v. Österreich

⑪ Maria Anna Leopoldine
(27. 1. 1805 – 13. 9. 1877)
⚭ 24. 4. 1833
Friedrich August II.,
Kg. v. Sachsen

⑫ Ludovika Wilhelmine
(30. 8. 1808 – 26. 1. 1892)
⚭ 9. 9. 1828
Maximilian,
Hg. in Bayern

⑬ Maximiliane Josepha Caroline
(21. 7. 1810 – 4. 2. 1821)

---

gard Louise Charlotte
. 1825 – 2. 4. 1864)
Albrecht Friedrich Rudolf,
g. v. Österreich,
u. Deutschmeister

⑧ Alexandra Amalie
(26. 8. 1826 – 8. 5. 1875)

⑨ Adalbert Wilhelm
(19. 7. 1828 – 21. 9. 1875)
⚭ 25. 8. 1856 Amalia Felipe Pilar,
Infantin v. Spanien
s. dazu Stammtafel
„Linie Adalbert" S. 242

---

5)

④ Arnulf
(6. 7. 1852 – 12. 11. 1907)
⚭ 12. 4. 1882 Therese,
Prn. v. Liechtenstein
|
Heinrich
(1884 – 1916)

)48)

⑨ Notburga
(19. 3. 1883 – 24. 3. 1883)

⑩ Wiltrud
(10. 11. 1884 – 28. 3. 1975)
⚭ 26. 11. 1924 Wilhelm,
Gf. v. Urach u. Württemberg

⑪ Helmtrud
(22. 3. 1886 – 22. 6. 1977)

⑫ Dietlinde
(2. 1. 1888 – 15. 2. 1889)

⑬ Gundelinde
(26. 8. 1891 – 16. 8. 1983)
⚭ 23. 2. 1919 Johann Georg,
Gf. v. Preysing-Lichtenegg-Moos

) Edith Marie
* 16. 9. 1924)
netti, Dipl.-Ing.
. med. Gustav Schimert

⑨ Hilda Hildegard
(* 24. 3. 1926)
⚭ Juan Lockett de Loayza,
peruan. Großgrund-
besitzer

⑩ Gabriele Adelgunde
(* 10. 5. 1927)
⚭ Carl, 14. Hg. v. Croy

⑪ Sophie Marie Therese
(* 20. 6. 1935)
⚭ Jean Engelbert,
Pr. u. Hg. v. Arenberg

DIE FAMILIEN DER KÖNIGINNEN

HAUS BADEN
Die Großherzöge

Karl Friedrich (1728–1811) ⚭ 1751 I Karoline (Luise) v. Hessen (1728–1783)
1787 II Luise Geyer, Gf. v. Hochberg, Przn. v. Baden (1768–1820)

Karl Ludwig (1755–1801) ⚭ 1774 Amalie v. Hessen-Darmstadt (1754–1832)

- Amalie (1776–1823)
- **Caroline Friederike** (1776–1841) ⚭ 1797 Maximilian I. Joseph (1756–1825) Kg. v. Bayern 1806–1825
- Luise (Elisabeth) (1779–1826) ⚭ Kaiser Alexander v. Rußland
- Friederike (1781–1826) ⚭ König Gustav IV. v. Schweden
- Marie (1782–1808) ⚭ Friedrich Wilhelm v. Braunschweig-Wolfenbüttel
- Karl (1786–1818) ⚭ Stephanie Beauharnais
- Wilhelmine (1788–1836) ⚭ Ludwig II. v. Hessen

HAUS WETTIN
Die Herzöge von Sachsen-Hildburghausen (ab 1826 Sachsen-Altenburg)

Ernst Friedrich III. (1727–1780) ⚭ 1749 I. Luise v. Dänemark (1726–1756)
1757 II. Christiane v. Brandenburg-Bayreuth (1733–1757)
1758 III. Ernestine v. Sachsen-Weimar (1740–1786)

Friedrich (1763–1834) ⚭ 1785 Charlotte zu Mecklenburg-Strelitz (1769–1818)

- Charlotte (1787–1847) ⚭ 1805 Paul v. Württemberg
- Josef (1789–1868) ⚭ 1817 Amalie v. Württemberg
- **Therese** (1792–1854) ⚭ 1810 Ludwig I. (1786–1868) Kg. v. Bayern 1825–1848
- Louise (1794–1828) ⚭ 1813 Wilhelm v. Nassau
- Georg (1796–1853) ⚭ 1825 Marie zu Mecklenburg
- Friedrich (1801–1870)
- Eduard (1804–1852) ⚭ I 1835 Amalie v. Hohenzollern ⚭ II 1842 Louise Przn. Reuss

HAUS HOHENZOLLERN

Friedrich Wilhelm II. (1744–1797) König 1786 ⚭ Friderica Louise v. Hessen-Darmstadt (1751–1805)

- Friedrich Wilhelm Carl (1783–1851) ⚭ 1804 Marianne v. Hessen-Homburg
  - Amalie (1805–1806)
  - Irene (3. 11. 1806–14. 11. 1806)
  - Sohn (1809, totgeb.)
  - Adalbert (1811–1873) ⚭ Therese Elßler (v. Barnim)
  - Thassilo (1812–1813)
  - Elisabeth (1815–1885) ⚭ Carl Wilhelm Ludwig v. Hessen-Darmstadt
  - Waldemar (1817–1849)
  - **Marie** (1825–1889) ⚭ 1842 Maximilian II. Joseph (1811–1864) Kg. v. Bayern 1848–1864

HAUS HABSBURG-LOTHRINGEN
Die Herzöge von Modena

Franz IV. (1779–1846) ⚭ 1812 Maria Beatrix v. Sardinien

- Ferdinand (1821–1849) ⚭ 1847 Elisabeth v. Österreich (1831–1903)
  - 2) 1854 Karl Ferdinand v. Österreich (1818–1874)
    - Friedrich (1856–1936) ⚭ Isabella v. Croy
    - Maria Christina (1858–1929) ⚭ Alfonso XIII. Kg. v. Spanien
    - Karl Stephan (1860–1933) ⚭ Maria Thersia v. Österreich
    - Eugen (1863–1954)
  - **Marie Therese** (1849–1919) ⚭ 1868 Ludwig III. (1845–1921) Kg. v. Bayern 1913–1918

DAS BAYERISCHE KÖNIGSHAUS
Linie Adalbert
ab 1828

- Ludwig I. (König von Bayern 1825–1848) ⚭ Therese, Prn. von Sachsen-Hildburghausen
  - Adalbert (Wilhelm) 1828–1875 ⚭ Amalia Felipa Pilar von Spanien
    - Ludwig Ferdinand Maria Karl 1859–1949 ⚭ Maria de la Paz von Spanien
      - Ferdinand Maria 1884–1958 Infantin von Spanien 1 ⚭ Maria Teresa von Spanien 2 ⚭ Maria Luisa de Silva
        - 1 Ludwig Alfons Infant von Spanien 1906–1983
        - 1 Joseph Eugen Infant von Spanien 1909–1966 ⚭ Marie Solange de Mesia y Lesseps
          - Maria Christina * 1935 ⚭ Juan Manuel de Urquijo
          - Fernando * 1937
            - Sofia de Arquer
              - Christina * 1974
          - Maria Teresia de Baviera y Mesia * 1941 ⚭ Alphonso Marques y Patino Castillejo y Losada Marquez de Castro
          - Louis de Baviera 1942–1966
        - 1 Maria de las Mercedes 1911–1953 ⚭ Heraklius Fürst Bagration-Muchransky
        - 1 Maria del Pilar 1912–1918
      - Adalbert Alfons, Dr. phil. 1886–1970 ⚭ Auguste, Gfn. von Seefried und Buttenheim
        - Konstantin Leopold 1920–1969 1 ⚭ Maria Adelgunde Prn. von Hohenzollern-Sigmaringen 2 ⚭ Helene Gfn. von Khevenhüller-Metsch - - - - 2 ⚭ Eugen Leopold * 1925
          - 1 Leopold Rupprecht * 1943 ⚭ Ursula Möhlenkamp
            - Manuel * 1972
            - Maria del Pilar * 1978
          - 1 Adalbert Friedrich * 1944 1 ⚭ Marion Malkowsky 2 ⚭ Sandra Burckhardt
            - Bernadette Desirée * 1986
          - 2 Ysabel * 1954 ⚭ Alfred Gf. von Hoyos
            - Stephanie * 1977
            - Johann * 1978
        - Alexander * 1923
      - Maria del Pilar 1891–1986
    - Alfons Maria Franz Clemens 1862–1933 ⚭ Louise von Alençon-Orléans
      - Joseph Clemens * 1902
      - Elisabeth Maria Anna * 1913 1 ⚭ Franz Josef Gf. von Kageneck 2 ⚭ Ernst Küstner
    - Isabella Maria Luise Amalie 1863–1924 ⚭ Thomas Hg. von Genua und Savoyen
    - Elvira Alexandra 1868–1943 ⚭ Rudolf Gf. von Wrbna
    - Clara Eugenie 1874–1941 Weltliche Äbtissin in Würzburg

- Luitpold, Przrgt.
  - Leopold von Bayern
    - Konrad (1883–1969) ⚭ Bona Margherita Prn. von Savoyen-Genua
      - Eugen Leopold * 1925

DIE HERZÖGE IN BAYERN
ab 1808

Maximilian Joseph
Herzog in Bayern
1808–1888
⚭ 1828 Ludovika Wilhelmine
von Bayern

- *Ludwig* Wilhelm [Louis]
  Herzog in Bayern
  1831–1920
  I ⚭ 1859 Henriette Mendel
  Freifrau von Wallersee
  II ⚭ Antonie von Bartolf,
  geb. Barth
- Karoline Therese *Helene*
  1834–1890
  ⚭ 1858 Maximilian
  von Thurn und Taxis
- *Elisabeth* Amalie Eugenie
  1837–1898
  ⚭ 1854 Kaiser
  Franz Joseph
  von Österreich
- Karl Theodor
  Herzog in Bayern,
  Dr. med.
  1839–1909
  I ⚭ 1863 Sophie von Sachsen
  II ⚭ 1874 Maria José von Braganza
  - (aus I) Amalie
    1865–1912
    ⚭ 1892 Herzog Wilhelm
    von Urach
  - (aus II) Sophie
    1875–1957
    ⚭ 1898 Hans Veit
    zu Törring-Jettenbach
  - Elisabeth
    1876–1965
    ⚭ 1900 Albert,
    Kronprinz, später
    König der Belgier
  - Marie Gabrielle
    1878–1912
    ⚭ 1900 Rupprecht,
    Kronprinz
    von Bayern *
  - Ludwig Wilhelm
    Herzog in Bayern
    1884–1968
    ⚭ 1917 Eleonore zu
    Sayn-Wittgenstein-Berleburg
    - Fortsetzung der Linie der Herzöge in Bayern durch Adoption des Großneffen:
      Max Emanuel
      * 1937
      Prinz von Bayern
      1965 durch Adoption
      Herzog in Bayern
      ⚭ 1967 Elizabeth
      Gräfin Douglas
      - Sophie * 1967
      - Marie-Caroline * 1969
      - Helene * 1972
      - Elizabeth * 1973
      - Maria Anna * 1975
  - Franz Joseph
    Herzog in Bayern
    1888–1912
- *Marie*
  Sophie Amalie
  1841–1925
  ⚭ 1859 Kronprinz,
  später König Franz II.
  beider Sizilien
- *Mathilde*
  Ludovika
  1843–1925
  ⚭ 1861 Ludwig
  von Bourbon-Sizilien
  Graf von Trani
- *Sophie*
  Charlotte Auguste
  1847–1897
  1867 Verlobung mit
  König Ludwig II.
  ⚭ 1868
  Ferdinand von Orléans,
  Herzog von Alençon
- Maximilian
  Emanuel
  Herzog in Bayern
  1849–1893
  ⚭ 1875 Amalie
  von Sachsen-
  Coburg-Gotha
  - Siegfried
    Herzog in Bayern
    1876–1952
  - Christoph
    Herzog in Bayern
    1879–1963
    ⚭ 1924
    Anna Sibig
  - Luitpold
    Herzog in Bayern
    Dr. phil.
    1890–1973

* s. dazu Stammtafel „Die Königspaare und ihre Nachkommen"

Literatur – Eine Auswahl

Achleitner, A., Von der Umsturznacht bis zur Totenbahre. Die letzte Leidenszeit König Ludwigs III., Dillingen 1922

Adalbert von Bayern, Als die Residenz noch Residenz war, München 1967

Ders., Die Wittelsbacher. Geschichte unserer Familie, München 1979

Ders., Erinnerungen 1900–1956, München 1991

Ders., Eugen Beauharnis, Berlin 1940

Ders., Maximilian I. Joseph von Bayern, München 1957

Ders., Nymphenburg und seine Bewohner, München 1949

Ders., Königin Caroline von Bayern und Kaspar Hauser, in: Der Zwiebelturm 1951

Ders., Die Herzen der Leuchtenberg, München 1963

Adalbert Prinz von Sachsen Herzog zu Sachsen, Die Albertinischen Wettiner. Geschichte des Sächsischen Königshauses 1763–1932, Bamberg 1989.

AK = *Ausstellungskataloge:*

- AK Bayern – Preußen/Preußen – Bayern, hrsg. v. d. Bayerischen Vereinsbank München, München 1982
- AK Biedermeiers Glück und Ende. hrsg. v. Ottomeyer, H. u. Laufer, U., München 1987
- AK Bismarck, Preußen, Deutschland und Europa, Berlin ^{3}1990
- AK Das Oktoberfest, Einhundertfünfundsiebzig Jahre Bayerischer National-Rausch, hrsg. v. Florian Dering u. a., München 1985
- AK Die Prinzregentenzeit, hrsg. v. Götz, N. u. Schack-Simitris, C., München 1986
- AK Die Tirolische Nation 1790–1824, Innsbruck 1984
- AK Glanz und Ende der alten Klöster, Säkularisation im bayerischen Oberland 1803, hrsg. v. Kirmeier, J. u. Treml, M. = Veröffentlichung zur bayerischen Geschichte und Kultur Nr. 21/91, hrsg. v. Haus der Bayerischen Geschichte. München 1991
- AK König Ludwig II. – Museum Herrenchiemsee, hrsg. v. Hojer, G., München 1986
- AK Ludwig II. und die Kunst, München 1968
- AK Münchner Biedermeier, Aquarelle aus der Sammlung der Königin Elisabeth von Preußen, hrsg. v. der Bayerischen Vereinsbank und der Stiftung Schlösser und Gärten, Potsdam–Sanssouci, München 1991
- AK 400 Jahre Sammeln und Reisen der Wittelsbacher. Außereuropäische Kulturen, München 1980/81
- AK »Vorwärts, vorwärts sollst du schauen ...«, hrsg. v. Erichsen, J. u. Puschner, U., Regensburg 1986 – Aufsätze und Katalog. Veröffentlichungen zur Bayerischen Geschichte und Kultur Nr. 9/86, hrsg. v. Grimm, K.
- AK Wittelsbach und Bayern, Krone und Verfassung, König Max I. Joseph und der neue Staat, Bde. III/1 u. 2. Hrsg. H. Glaser, München–Zürich, 1980

Andics, H., Die Frauen der Habsburger, Wien–München 1985

Arnold, Ch., Konrad Eberhard, Augsburg 1964

Bauer, R. (Hrsg.), Geschichte der Stadt München, München 1992

Baur, W., Prinzeß Wilhelm von Preußen, geb. Prinzeß Marianne von Hessen–Homburg, Homburg 1886

Beck, B., Die Großherzogin Mathilde von Hessen und bei Rhein, geb. Prinzessin von Bayern (1813–1862). Mittlerin zwischen München und Darmstadt, Darmstadt 1993

Beckenbauer, A., Ludwig III., ein König auf der Suche nach seinen Volk, Regensburg 1987

Beyer, C., Ludwig II., König von Bayern, Leipzig, 1897

Bissing, W. M., Königin Elisabeth von Preußen (1801–1874), Berlin 1974

Blunt, W., Ludwig II., König von Bayern, München 1970

Bodenstedt, F., Eines Königs Reise, München ^{2}1985

Böck, H. H., Karl Philipp Fürst von Wrede als politischer Berater König Ludwig I. von Bayern, München 1968

Böhm, G. v. Ludwig II., König von Bayern, ^{2}1924

Börsch-Supran, Die deutsche Malerei von Anton Graff bis Hans von Marrées 1760–1870, München 1988

Bosl, K., Bayern in Umbruch, München–Wien 1969

Ders., Bayerische Geschichte, München 1980

Ders., Die Wittelsbacher und Europa, München 1980

Ders., Bosls Bayerische Biographie. 8000 Persönlichkeiten aus 15 Jahrhunderten, Regensburg 1983, und Ergänzungsband 1988

Braun, J., Prinzessin Alexandra von Bayern, Eine biographische Skizze, München 1875

Braungart, M. u. Ross, K. H., Therese Prinzessin von Sachsen-Hildburghausen, Königin von Bayern, in: Festschrift 1. Theresienfest in Hildburghausen 1991

Brunner, M., Die Hofgesellschaft, MBM Bd. 144, München 1987

Bühler, A. L., Karoline, Königin von Bayern. Beiträge zu ihrem Leben und zu ihrer Zeit, München 1941

Busley, H. J., Oktoberfestung 1835 und der Bilderzyklus, in: König Ludwig I. und Prinzessin Therese hrsg. v. d. Bayrischen Vereinsbank München, 1982 S. 29–89.

Chroust, Aktenstücke zur Jugendgeschichte des späteren König Ludwigs I. von Bayern, in: ZBLG 5 (1932).

Corti, E. C. Conte, Ludwig I. von Bayern, München ^{7}1979

Czettritz, A., Graf von Pocci, München 1979

Dickerhof, M., »Es soll eine neue Ära in München begründet werden ..., in: König Maximilian II. von Bayern (1848–1864), hrsg. v. Haus der Bayrischen Geschichte, München 1988

Die Chronik Bayerns, Dortmund 1987

Dingelstedt, F., Münchner Bilderbogen, Berlin 1878

Dirrigl, M., Maximilian II., König von Bayern (1848–1860), 2 Bde., München 1980

Ders., Ludwig I. König von Bayern 1825–1848 (Das Kulturkönigtum der Wittelsbacher Bd. 1), München 1980

Dotterweich, H., Das Erbe der Wittelsbacher, Vermächtnis einer europäischen Dynastie, München ^{2}1983

Eger, M., Königsfreundschaft, Legende und Wirklichkeit, Bd. 2, Bayreuth o. J.

Escherich, E., Die Escherichs, Lebenserinnerungen aus dem Königreich Bayern, München 1985

Faulhaber, M. Kardinal, Trauerrede bei der Beisetzung Ihrer Majestäten des Königs Ludwig III. von Bayern und der Königin Maria Theresia im Liebfrauendom zu München, München 1921

Feulner, M., Berchtesgaden und seine Könige, Berchtesgaden 1980
Freyberg, P. v., Maria Electrine Freifrau von Freyberg, geb. Stuntz (1797–1847), Eine Münchner Malerin, Lithographin und Radiererin, in: Oberbayerisches Archiv, 110. Bd., München 1985
Freystedt, K. v., Erinnerungen aus dem Hofleben, hrsg. v. K. Obser, Heidelberg 1902
Fried, P., Die Anfänge des Hauses Wittelsbach, 1980
Götz, Chr., und Haller, E. M., Prinz-Carl-Palais, München 1989
Greipl, E. J., Ludwig I. von Bayern und Italien, in: ZBLG Bd. 50, München 1987
Ders., Macht und Pracht. Die Geschichte der Residenzen in Franken, Schwaben und Altbayern, Regensburg 1991
Haller, E. M., Königin Elisabeth, eine bayerische Prinzessin auf dem preußischen Königstron; Königin Marie, eine preußische Prinzessin auf dem bayerischen Königsthron. Beide Aufsätze in: AK Bayern–Preußen/–Bayern, hrsg. v. der Bayerischen Vereinsbank, München 1982
Dies., König Ludwig I. und Prinzessin Therese von Sachsen–Hildburghausen, in: Ludwig und Therese, hrsg. v. der Bayerischen Vereinsbank, München 1982
Dies., u. Lehmbruck, H., Palais Leuchtenberg, München 1986
Hamann, B., Die Habsburger – Ein biographisches Lexikon, Wien 1988
Dies., Elisabeth – Kaiserin wieder Willen, Wien–München 1985
Handke, E., Marianne zu Ehren. Zum 200. Geburtstag der Prinzessin Wilhelm von Preußen geb. Prinzessin Marianne von Hessen–Homburg, hrsg. v. Magistrat der Stadt Homburg v. d. Höhe, 1985
Hanisch, M., Für Fürst und Vaterland. Legitimitätsstiftung in Bayern zwischen Revolution 1848 und deutscher Einheit, München 1991
Hanslik, E. (Hrsg.), »Auf zur Sonne, Königsschwan!« Ludwig II., König von Bayern, in zeitgenössischen Gedichten und Liedern, München 1986
Ders., »Verehrung – Verklärung – Kitsch«, in: Ludwig II. zwischen Wirklichkeit und Rätsel, hrsg. v. Katholische Akademie, Augsburg 1986
Hanslick, E. u. Wagner, J., Ludwig II., König von Bayern 1845–1886, Internationale Bibliographie zu Leben und Wirkung, Frankfurt a. M. 1986
Hartmann, P. C., Bayerns Weg in die Gegenwart. Vom Stammesherzogtum zum Freistaat heute, Regensburg 1989
Hase, U. v., Joseph Stieler 1781–1858. Sein Leben und sein Werk, München 1971
Hauser, S. E., Carolina Augusta, Wien 1991
Heindl, H., Marie, Königin von Bayern, München 1989
Heindl, K. u. H., Ludwigs heimliche Residenzen, München ^{2}1986
Herre, F., Ludwig II., Stuttgart 1986
Heydecker,J. J., Kronprinz Rupprecht, München 1953
Heydenreuther, R., »Meinem Volk zu Ehr und Vorbild«, in: König Maximilian II.
Hojer, G., Die Schönheitsgalerie König Ludwigs I., München–Zürich 1979
Ders., Die Prunkappartements Ludwig I. im Königsbau der Residenz, München 1992
Hubensteiner, B., Bayerische Geschichte, München 1977
Huber, E., Marie Gabrielle, Dießen 1913
Hüttl, L., Das Haus Wittelsbach, München 1980
Ders., Ludwig II., München 1986
Ders., Ludwig I., König und Bauherr, München 1986
Kotunc, F. (Hrsg.), Briefe der Malerin Margarete Geiger 1804–1809, Schweinfurter Museumsschrift 12/1987
Junkelmann, M., Napoleon und Bayern. Von den Anfängen des Königreiches, Regensburg 1985
Kitzmann, A. R., Das offene Tor. Protestanten in München, München 1990
Kobell, L. v., Unter den vier ersten Königen Bayerns, 2 Bde., München 1894
Koch, H. W., Geschichte Preußens, München 1980
König Maximilian II. von Bayern (1848–1864), hrsg. v. Haus der Bayerischen Geschichte, Klaus Grimm, München 1988
Konstantin von Bayern, Des Königs schönste Damen, München 1980
Körner, H.-M. und I., Leopold von Bayern, Aus den Lebenserinnerungen 1846–1930, Regensburg, 1983
Kraus, A., Bayerische Geschichte, München 1983
Kristl, W. L., Lola, Ludwig und der General, Paffenhofen/Ilm 1979
Ders., Der weiß-blaue Despot, München o. J.
Lampert, F., Ludwig II., König von Bayern, München 1890
Lieb, N., München. Die Geschichte seiner Kunst, München 1971
Liebhart, W., „Gerecht und beharrlich“, zum Königtum Ludwigs I. von Bayern, Augsburg 1987
Ders., Königtum und Politik in Bayern, Frankfurt am Main 1993
Lohmeier, G., Die Ahnen des Hauses Bayern. Dike Geschichte der Wittelsbacher, München 1980
Ders., Liberalitas Bavariae, Kempten 1971
Ludwig der Erste von Bayern, Gedichte des Königs Ludwig [I.] von Bayern, München 1829
Lupin auf Illerfeld, F. v., Königin Karoline Friederike Wilhelmine von Baiern, Weimar 1843
May, K., Briefe an das bayerische Königshaus, hrsg. v. U. Schmidt, in: Jahrbuch der Karl-May-Gesellschaft 1983
Merkt, N., Ludwig II., König von Bayern. Protokolle aus d. besonderen Ausschuß d. bayer. Kammer d. Abgeordneten, München 1987
Merta, F., König Ludwig II. im Spiegel der Neuerscheinungen zum 100. Todestag 719–743, in: ZBLG Nr. 49, 1986
Möckl, K., Die Prinzregentenzeit, 2 Bde., Wien 1972
du Moulin-Eckart, R., Unser Prinzregent, Zweibrücken in der Pfalz 1901
Müller, V., Maximilian II., König von Bayern. Ein vaterländisches Geschichtsbild, Regensburg 1864
München im Bild, Verlag Monarchia, o. O., o. J.
Nöhbauer, H., Die Wittelsbacher. Eine europäische Dynastie, Bern und München 1979
Oldenbourg, R., Die Münchner Malerei im 19. Jahrhundert. 1. Teil: Die Epoche Max Josephs und Ludwigs I., hrsg. v. Eberhard Ruhmer, München 1983
Ottomeyer, H., Die Kroninsignien des Königreichs Bayern, München–Zürich 1979
Petzet, M. u. Neumeister, W., Die Welt des Bayerischen Märchenkönigs, Ludwig II. und seine Schlösser, München ^{2}1984
Prinz, F., Bayerische Miniaturen, München–Zürich 1988
Ders., Ludwig II. Ein königliches Doppelleben, Berlin 1993
Prinz, F. u. Krauss, M., München – Musenstadt mit Hinterhöfen, Die Prinzregentenzeit 1886–1912, München 1988
Rall, H., Königin Mutter Marie und das Rote Kreuz, in: 1869–1954 Frauenarbeit im Bayerischen Roten Kreuz, hrsg. v. Koschuda, K., und Jokziel, R. München 1954.
Ders., Führer durch die Fürstengrüfte. Wittelsbacher Lebensbilder von Kaiser Ludwig bis zur Gegenwart, München o. J.
Ders. u. Rall, Marga, Die Wittelsbacher in Lebensbildern, Graz und Regensburg 1986

DERS. u. PETZET, M., König Ludwig II., Wirklichkeit und Rätsel, München–Zürich 1968

REDWITZ, M. v., Hofchronik 1888–1921, München 1924

REIDELBACH, H., Ludwig, Prinz von Bayern. Ein Charakterbild, München 1905

DERS., 90 Jahre »In Treue fest«. Festschrift zum 90. Geburtstag und 25jährigen Regierungsjubiläum des Prinzregenten Luitpold von Bayern, München 1911.

DERS., König Ludwig I. von Bayern und seine Kunstschöpfungen, München 1888

REISER, R., Die Wittelbacher 1180–1918. Ihre Geschichte in Bildern, München 1979

DERS., Die Wittelsbacher in Bayern, München 1978

DERS., Mathilde Therese von Thurn und Taxis (1773–1839), in: ZBLG 38, München 1975

ROEPKE, K.-J. Die Protestanten in Bayern, München 1972

ROLAND, B., Joh. Chr. von Manlich, Portrait de Prince Max en Costume turc, Mainz 1983

DERS., Villa Ludwigshöhe, Ludwig I. und sein Schloß in der Pfalz, Amorbach 1986

ROLLE, TH., Die Reise König Ludwigs I. von Bayern durch den Oberdonaukreis und nach Augsburg, in: Zeitschrift des Historischen Vereins für Augsburg, 1986/87

ROSH, ISBEL, The uncrowned queen. Life of Lola Montez, New York 1972

RUPPRECHT VON BAYERN, Mein Kriegstagebuch, 3 Bde., hrsg. v. Eugen von Frauenholz, Berlin 1929

SCHACHING, O. v., Ludwig III. König von Bayern. Sein Lebensbild, Regensburg 1913

SCHAD, M., Bayerns Königinnen, Regensburg ^{2}1993

SCHÄFER, M., Der andere Ludwig, München 1987

SCHMID, U., Karl May, Briefe an das bayerische Königshaus und »Mein höheres und eigentliches Vaterland ist Bayern«. Zu den Briefen Karl Mays an das bayerische Königshaus, in: Jahrbuch der Karl-May-Gesellschaft 1983

SCHMIDBAUER, W. u. KEMPER, J., Ein ewig Rätsel will ich bleiben mit und anderen. Wie krank war Ludwig II. wirklich? München 1986

SCHOTTENLOHER, O. (Hrsg.), Bayern, Staat und Kirche, Land und Reich. Archivalische Zeitschrift Bd. 3, München 1961

SCHROTT, L., Der Prinzregent. Ein Lebensbild aus Stimmen seiner Zeit, München 1962

DERS., Herrscher Bayerns. Vom ersten Herzog bis zum Letzten König, München 1977

SCHULTZE, M., Marie, Königin von Bayern, München 1894

SCHWAIGER, G., Maria Patrona Bavariae, in: Bavaria Sacra, Bd. I., Regensburg 1970

DERS., Die Persönlichkeit König Ludwigs I. von Bayern, ZBLG 49, 1986

SCHWEIGGERT, A., Schattenkönig – Otto, der Bruder König Ludwig II. von Bayern, München 1992

SEIDEL, K. J. (Hrsg.), Das Prinzregenten-Theater in München, Nürnberg 1984

SEIDL, W., Bayern in Griechenland. Die Geschichte eines Abenteuers, München 1965

SENDTNER, K., Rupprecht von Wittelsbach, Kronprinz von Bayern, München 1954

SEXAU, Fürst und Arzt. Dr. med. Herzog Carl Theodor in Bayern, Graz, Wien, Köln 1963

SPENGLER, K., Es geschah in München, München 1971

DERS., Die Wittelsbacher in Tegernsee, München 1969

SPINDLER, M., Handbuch der bayerischen Geschichte. Bd. 4. Teil I. Das neue Bayern 1800–1970, München 1975

DERS., Kronprinz Ludwig von Bayern und Napoleon, München 1042

STADLER, G., Ludwig I., König von Bayern, München 1987

STEIGENBERGER, H., Ludwig II., der Romantiker auf dem Königsthron, 1906

STERNDORF-HAUCK, CH., Brotmarken und rote Fahnen. Frauen in der bayerischen Revolution und Räterepublik 1018/1919, Frankfurt/M. 1989

THERESE VON BAYERN, Reiseeindrücke und Skizzen aus Rußland. Ihrer Majestät der Königinmutter Marie von Bayern in dankbarer Liebe und Verehrung gewidmet, Stuttgart 1885

THIERSCH, H. W. J., (Hrsg.) Friedrich Thiesch's Leben, 2 Bde., Leipzig und Heidelberg 1866

TRÄGER, J. (Hrsg.), Die Walhalla, Regensburg 1979

TROST, L., König Ludwig von Bayern in seinen Briefen an seinen Sohn Otto von Griechenland, Bamberg 1891

WEBER, A. (Hrsg.), Handbuch der Literatur in Bayern. Vom Frühmittelalter bis zur Gegenwart, Regensburg 1987

WEIS, E., Montgelas 1759–1799. Zwischen Revolution und Reform, München 1971

WINTER, A., Karl Philipp Fürst von Wrede als Berater König Max I. Joseph und des Kronprinzen Ludwig von Bayern (1813–1825), München 1968

WITZLEBEN, H. v. u. VIGNAU, I. v., Die Herzöge in Bayern. Von der Pfalz zum Tegernsee, München 1976

WÖBKING, W. Der Tod König Ludwigs II. von Bayern, Rosenheim 1986

WOLF, G. J., (Hrsg.), Ein Jahrhundert in München 1800–1900, München ^{2}1922

DERS., Ludwig II. und seine Welt, München 1922

WOLFSGRUBER, C., Karolina Auguste, die »Kaiserinmutter«, Wien 1893

ZORN, W., Handels- und Industriegeschichte Bayerisch–Schwabens 1648–1870, Augsburg 1961

DERS., Bayerns Geschichte im 20. Jahrhundert, München 1986

ZWEHL, H. K. v., Der Kampf um Bayern 1805. Der Abschluß der bayerisch-französischen Allianz, München 1937

Weitere Hinweise zur Literatur über das Haus Wittelsbach finden sich in: Martha Schad, Bayerns Königinnen, Regensburg ^{2}1993.

Register

Kursiv gesetzte Zahlen verweisen auf Nennungen in den Einführungstexten zu den jeweiligen Hauptkapiteln, normal gesetzte Seitenzahlen auf den Bildteil

Bildnachweis

Elfriede Achter, Aichach: 190 (4)
amw Pressedienst, München: 236
Bankhaus Aufhäuser, München: 78 o.
Bayerische Staatsgemäldesammlungen, München: 17, 18, 95 (Fotos: Joachim Blauel/ARTOTHEK); 57, 174 (Fotos: Blauel/Gnamm-ARTOTHEK); 83
Bayerische Verwaltung der staatl. Schlösser, Gärten und Seen, München: 11 (2), 31 o. (Foto: Wolf-Christian v. d. Mülbe, Dachau), 45, 61 o. r., 73 r., 75 u., 82 o. r., 97 u. l., 100 u. l., 107, 108 o. und u. l., 125, 130 l., 136 u., 139 o., 139 u. (Foto: Reger Studios, München), 140 o., 140 u. (Foto: Bildarchiv Huber, Garmisch-Partenkirchen), 141 o. l. und r. (Fotos: Wolfgang Pulfer, München), 142 o. (Foto: Mager), 142 u. (Foto: Herpich), 143, 144 (Foto: Härtl-Herpich), 145, Umschlag-Vorderseite
Bayerisches Armeemuseum, Ingolstadt: 102 u., 136 o.
Bayerisches Hauptstaatsarchiv, München: 51
– Abt. III, Geheimes Hausarchiv (mit freundlicher Genehmigung des Wittelsbacher Ausgleichsfonds): 54, 66 u., 72 o. r., 77 o. r., 111 u., 114 o., 177, 183 o. r. und u., 185 l., 186 o., 194 (3), 198 u. l. und r., 200 r., 201 o. l. und r., 203 u., 206 r.
Bayerisches Nationalmuseum, München: 21, 27 u.
Bildarchiv Preußischer Kulturbesitz, Berlin: 37 o., 162 (2)
Bilderdienst Süddeutscher Verlag, München: 10, 12 u., 22 o., 25 o., 27 o., 28, 32, 62, 66 o., 81 l., 82 u. l. und r., 93, 105 o., 122, 126 (2), 137 o., 138 o., 147 l., 149 (2), 159, 163, 167 o., 182 u. l., 189 o. und u. r., 191 u., 192 o., 193 o. und u. r., 195, 200 l., 202, 203 o., 206 l., 221 u. l., 222 (2), 229 (2), 230 (2), 231 (2)
Bischöfliche Administration der Hl. Kapelle, Altötting: 116 u.
Reinhold Böhm, Füssen: 114 u. (Foto: Max Kurth, Füssen, 1889)
Wolfgang Broedener, Schwangau: 180, 209
Fa. Alois Dallmayr, München: 171 o. (Foto: Reger Studios, München), 171 u., 188 o. r.
Eiler & Riemel GmbH, München: 233 u.
Film- und Photomuseum, München: 216 o. r., 217 u.
Fürst Thurn und Taxis Hofbibliothek/Zentralarchiv, Regensburg: 33, 35, 43 o., 47 u. r. (Foto: Wagmüller, Regensburg), 48, 61 l.
Germanisches Nationalmuseum, Nürnberg: 12 o., 74
Franz Häußler, Augsburg: 94, 191 o.
Heimatmuseum Bad Brückenau: 86 o.
Heimatmuseum Starnberg: 24 u. (Foto: Wilfried Bahnmüller, Geretsried)
Isolde Hess, München: 55, 73 l.
Foto M. Ilse, Prien: 204 l.
INTERFOTO, München: 26, 29 u. (Fotos: Giraudon/INTERFOTO); 29 o. l. und r. (Fotos: Kungl. Husgerads/INTERFOTO); 79 l., 137 u. l. (Foto: Karger-Decker/INTERFOTO)
Karl Joss, Rosenheim: 76 (2), 105 u. l., 127 o. und u. l., 128 u. r., 133 o. l. und u., 135 o., 146, 154, 158, 183 o. l., 187 o., 192 u., 198 o., 204 r., 215 o. r., 221 o. und u. r. (alle Fotos: Rammel Photo, Rosenheim)
Wolfgang Kirkam, München: 232, 234, 235, 237
Meta Köhler, München: 211, 217 o., 223 (2), 228 (2), 233 o. l.
Mainfränkisches Museum, Würzburg: 23 l., 65 (Fotos: Ursula Edelmann/ARTOTHEK)
– Schloß Luxburg/Schloß Aschach, Bad Bocklet: 98 o. r. und u., 99, 110 (4) (Fotos: Erika Neumeister, Bayreuth); 109 u. l., 132 (3), 137 u. r., 168 u. l.
Edelgard Mayo, Augsburg: 38 u.
Felix Mebes, Berlin: 97 u. r.
Heinrich Meilhaus, München: 108 u. r.
Münchner Stadtmuseum, München (Fotos von Wolfgang Pulfer, München, sind mit W. P. gekennzeichnet): 37 u. (W. P.), 42, 44 (W. P.), 60 o. und u. (W. P.), 69 (Inv.-Nr. 28/562), 71 (W. P.), 77 l., 80 o. (W. P.), 82 o. l., 87 o. (W. P.), 100 o. (W. P.), 104 u., 109 o. (Inv.-Nr. M/III/649), 116 o. (W. P.), 131 (W. P.), 147 r. (W. P.), 148 l. (W. P.), 148 r., 166 o. l. (W. P.), 168 o. (W. P.), 170 u., 181 (W. P.)
Museum der Stadt Regensburg: 80 u. (Foto: Fremdenverkehrsverband Ostbayern, Regensburg), 81 r.
Museum der Stadt Wien: 41
Nationalarchiv/Richard-Wagner-Gedenkstätte, Bayreuth: 128 o. und u. l., 129 o. und u. r.
Neue Pinakothek, München: 70 (Foto: Joachim Blauel/ARTOTHEK), 75 o. (Foto: ARTOTHEK)
Erika Neumeister, Bayreuth: 86 u.
Niedersächsische Landesbibliothek, Landesgalerie Hannover: 130 r.
Österreichische Galerie, Wien: 46 (Foto: Otto, Wien)
Max Prugger, München: 47 l., 115, 124, 196, 220 (2), 236 u.
Sächsische Landesbibliothek, Dresden: 39 o., 40 o. l.
Manfred Sailer, Füssen: 113 r.
Horst Schad, Augsburg: 22 u., 72 u. l., 77 u., 85 (3), 187 u.
Jean Luis Schlim, München: 216 o. l.
Ulrich Schmid, Neu-Ulm: 185 r. (aus: Nachlaß Willi Einsle)
Schloßmuseum Berchtesgaden: 157, 172 (Fotos: Wilfried Bahnmüller, Geretsried)
Staatliche Kunstsammlungen/Kupferstich-Kabinett, Dresden: 38 o. l. und r., 39 u.
Staatliche Porzellan-Manufaktur Nymphenburg, München: Umschlag-Rückseite
Stadt Bad Aibling: 72 u. r.
Stadtarchiv Bamberg: 214 u., 218 u.
Stadtarchiv Darmstadt: 36 o. l., 67 (3), 68 (3), 84 o., 112 o.
Stadtarchiv Hof: 189 u. l.
Stadtarchiv München: 50, 182 o., 201 u.
Stadtmuseum Hildburghausen: 87 u.
Städtische Galerie im Lenbachhaus, München: 164
Städtische Kunstsammlung, Augsburg: 78 u.
Manfred Steiner, Sulzemoos, 36 o. r., 72 o. l., 105 u. r., 133 o. r., 161 o. r. und u., 167 u., 169 o., 207, 213 u., 214 o.
Stiftung Maximilianeum, München: 102 o. (Foto: Bilderdienst Süddeutscher Verlag, München), 103 (Foto: Wolfgang Pulfer, München)
Stiftung Schlösser und Gärten, Potsdam-Sanssouci: 24 o. r., 36 u., 43 u., 96, 138 u.; 63, 101, 106, 179 (Fotos: Angelika Weidling, Berlin)
Hermann Stöckel, München: 227
Rupert Stöckl, München: 150
Leonhard Thoma, Altötting: 168 u. r. (mit freundlicher Genehmigung der Tochter Elisabeth Haas, Augsburg)
Tiroler Landesmuseum Ferdinandeum, Innsbruck: 30, 31 u., 34 o. l.
Gerhard Tremmer, München: 23 r.
Verwaltung der Staatlichen Schlösser und Gärten, Schloß Charlottenburg, Berlin: 97 o., 98 o. l. (Fotos: Jörg P. Anders, Berlin)
Villa Ludwigshöhe, Edenkoben: 19, 84 u.
Wendelsteinbahn GmbH, München: 112 u.
Wittelsbacher Ausgleichsfonds, München: 58, 59, 64 l., 64 r. (Foto: Wilfried Bahnmüller, Geretsried), 100 u. r., 111 o.
Cornelius Wittmann, Dauchau: 135 u., 197 (2), 212 u., 219
Württembergisches Landesmuseum Stuttgart: 34 u.
Margit Zapf, Landshut: 108 u. m.

Aus Privatbesitz: 16, 20 l. (Foto: Photohaus Brenner, Ettlingen), 20 r., 24 o. l., 34 o. r., 79 r., 119; 127 u. r. und 134 (Fotos: Horst Schad, Augsburg), 170 o., 184 r. (Foto: Huttig-Foto, Starnberg); 185 r., 188 o. l. und u., 199 (3), 224 o. (Foto: Guido Krzikowski, München), 224 u. l. und r.
Aus dem Verlagsarchiv Pustet: 88, 156
Von der Autorin: 61 u. r., 141 u., 184 l., 213 o. l. und r., 215 o. l. und u. r., 233 o. r. (Foto: Huttig-Foto, Starnberg)
Entnommen aus: Adalbert Prinz von Sachsen Herzog zu Sachsen, Die Albertinischen Wettiner. Geschichte des Sächsischen Königshauses 1763–1932, Bamberg 1989: 40 o. r. und u. (mit freundlicher Genehmigung des Autors); Ausstellungskatalog (AK) König Ludwig II. – Museum, Herrenchiemsee, hrsg. von G. Hojer, München 1986: 109 u. r. (mit freundlicher Genehmigung des Wittelsbacher Ausgleichsfonds), 129 u. l.; AK Die Prinzregentenzeit, hrsg. von N. Götz und C. Schack-Simitris, München 1986: 166 o. r. und u.; AK 400 Jahre Sammeln und Reisen der Wittelsbacher. Außereuropäische Kulturen, München 1980/81: 160 o. und u. (mit freundlicher Genehmigung von Dr. Berthold Roland, Villa Ludwigshöhe, Edenkoben); AK Wittelsbach und Bayern. Krone und Verfassung. König Max I. Joseph und der neue Staat, München–Zürich 1980: 47 o. r.; A. Bekkenbauer, Ludwig III. von Bayern 1845–1921. Ein König auf der Suche nach seinem Volk, Regensburg 1987: 193 u. l.; A. Czettritz, Franz Graf von Pocci (= Bavaria Antiqua, hrsg. von der Bayer. Vereinsbank München), München 1979: 90; H. Heindl, Marie, Königin von Bayern, München 1989: 113 l. (mit freundlicher Genehmigung des Autors); A. R. Kitzmann, Das offene Tor. Protestanten in München, München 1990: 25 u.; W. L. Kristl, Der weißblaue Despot, München o. J.: 186 u. (mit freundlicher Genehmigung von Florian Miller, Pöcking); München im Bild, o. O. o. J.: 104 o., 165 o.; H. Reidelbach, 90 Jahre »In Treue fest«. Festschrift zum 90. Geburtstag und 25jährigen Regierungsjubiläum des Prinzregenten Luitpold von Bayern, München 1911: 161 o. l., 169 u., 173; K. J. Seidel (Hrsg.), Das Prinzregenten-Theater in München, Nürnberg 1984: 153, 165 u.; K. Sendtner, Rupprecht von Wittelsbach, Kronprinz von Bayern, München 1954: 212 o., 216 u., 218 o.; Hugo Graf von Walderdorff, Regensburg in seiner Vergangenheit und Gegenwart, Nachdruck der 4. Auflage von 1896, Regensburg 1977: 52.

Weitere Buchtitel zur Geschichte des Hauses Wittelsbach

Hans und Marga Rall
Die Wittelsbacher in Lebensbildern
431 Seiten, mit 51 Abbildungen, 6 Stammtafeln,
2 Farbkarten,
Koproduktion mit Styria, Leinen
DM 59,– / öS 420,– / sFr 59.–

Heinz Thomas
Ludwig der Bayer
Kaiser und Ketzer
461 Seiten, mit 16 s/w-Bildseiten auf Kunstdruck,
mit Stammtafeln, Vorsatzkarte,
Koproduktion mit Styria, Leinen
DM 59,– / öS 420,– /sFr 59.–

Andreas Kraus
Maximilian I.
Bayerns großer Kurfürst
372 Seiten, mit 15 Abbildungen,
Koproduktion mit Styria, Leinen
DM 59,– / öS 420,– / sFr 59.–

Peter Claus Hartmann
Karl Albrecht – Karl VII.
Glücklicher Kurfürst – Unglücklicher Kaiser
367 Seiten, mit 24 Abbildungen und
Textillustrationen, Leinen
DM 48,– / öS 375,– / sFr 49.40

Alfons Beckenbauer
Ludwig III. von Bayern (1845–1921)
Ein König auf der Suche nach seinem Volk
360 Seiten, mit 30 Abbildungen und
Textillustrationen, Leinen
DM 48,– / öS 375,– / sFr 49.40

Leopold Prinz von Bayern (1846–1930)
Aus den Lebenserinnerungen
Hrsg. von Hans-Michael und Ingrid Körner
342 Seiten, mit 52 Abbildungen, Leinen
DM 44,– / öS 343,– / sFr 45.30

(Preisänderungen vorbehalten)

VERLAG FRIEDRICH PUSTET